「誰もが儲かる、わけがない」をぶち壊す

投資革命

investment revolution

FIRE達成個人投資家
堂瀬とうしろう

あさ出版

はじめに

オルカン（全世界株式）、S&P500（米国株）といった株式投資が圧倒的な人気を誇るなかで、分散投資に興味を持っている人は少ないでしょう。しかし、本書では、まさにその分散投資を取り上げます。

図0－1の約120年分のデータを見てください。分散投資の圧倒的な効果を証明しています。これほど説得力のある、一目瞭然のデータが他にあるでしょうか？

グレー線の個別の資産は、ときに80％以上の壊滅的な下落に見舞われています。一方で、黒線は株式・債券・金などの資産に均等に投資するというシンプルな分散投資ですが、長期で安定したリターンを生み出し、大きな損失を回避しています。これは、値動きの異なる資産が協力し合うことで、大きな損失を防いでいるためです。

多くの人は、高いリターンを得るためには、株式投資で高いリスクを取らなければならないと考えています。しかし、真実はその「逆」です。大きなリスクを取り続けると、い

図0-1

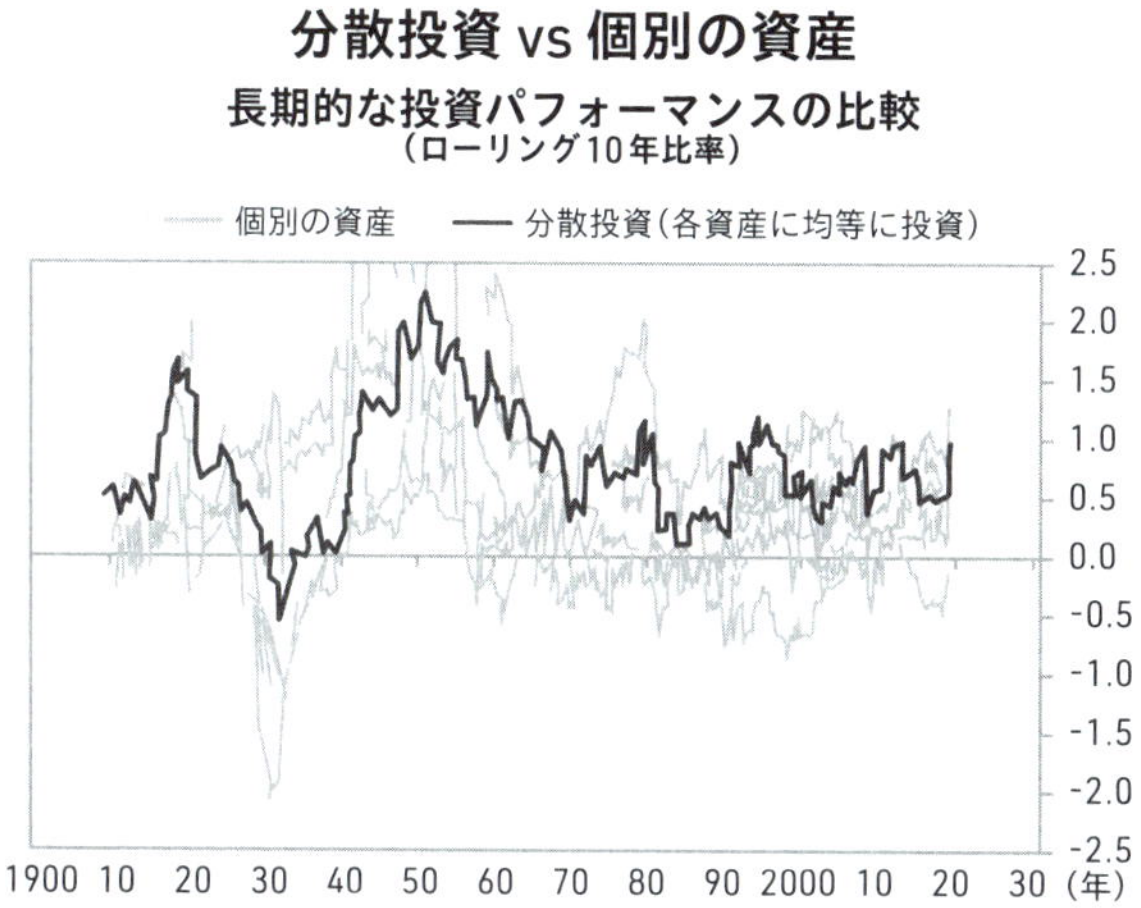

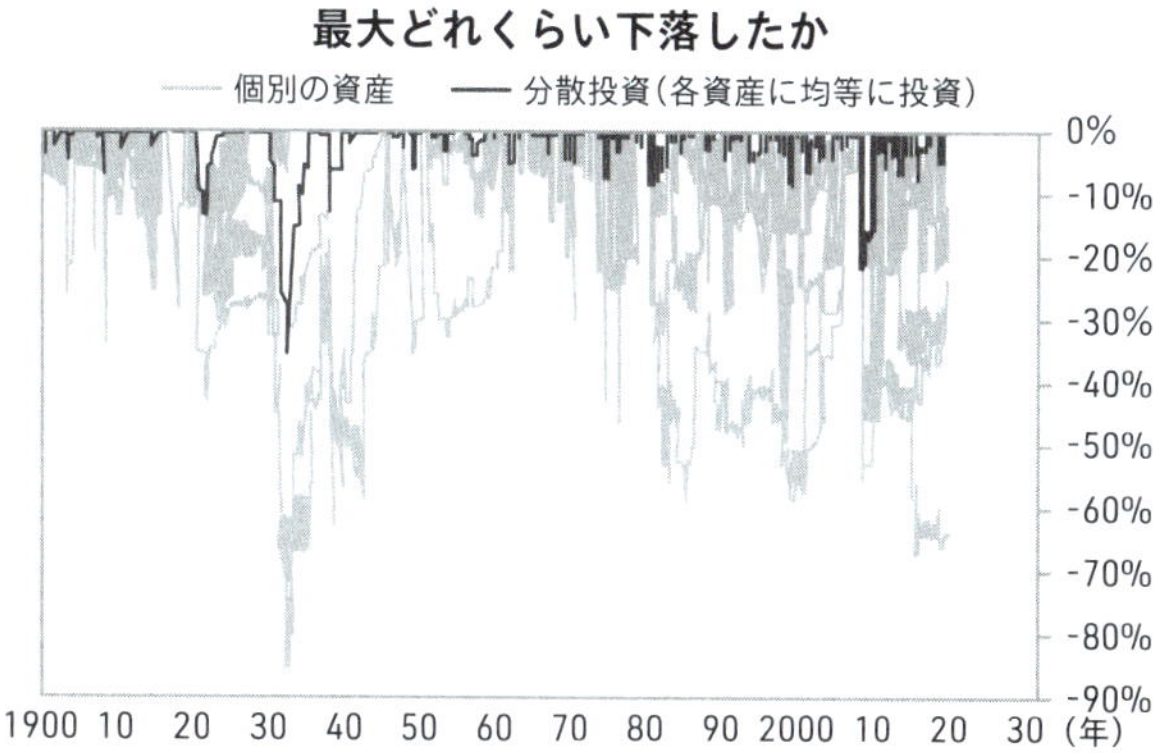

個別の資産：米国株式、先進国株式、新興国株式、米国債券、グローバル債券、米国物価連動国債、グローバル物価連動国債、米国クレジット、金

出所：Linkedin「Diversifying Well Is the Most Important Thing You Need to Do in Order to Invest Well」

ずれ致命的な損失を被ります。だからこそ、分散投資で壊滅的な損失のリスクを最小限に抑えることが、リターンを最大化する鍵となるのです。

もしこのグラフが少し難しく感じられる場合は、「波形のイメージ」を眺めるだけでもOKです。

最も大切なのは投資を複雑に考えすぎないことです。分散投資は、異なる才能を持つ選手たちが集まったスポーツチームのようなものです。各資産（選手）はそれぞれの得意分野で活躍し、お互いの弱点を補い合います。常に利益を出し続ける完璧な資産（選手）など存在しません。一人のエースに頼るのではなく、チーム全体で勝利を目指すことで、逆境を乗り越える力を発揮するのです。このチームワークのイメージを持っていただければ、分散投資の安定性をきっと感じ取れるでしょう。

本書では、シンプルな分散投資を進化させ、チームの結束力をさらに高めた投資革命「リスパリ」をご紹介します。

リスパリとは、「リスクパリティ戦略」の略称です。少し専門的な響きですので、本書では親しみやすい名前に変えてみました。各資産の特性（才能）を活かし、バランスの取れたチームを作り上げることで、「これぞチームワークの勝利」と感じられる最高の投資成果を引き出します。

申し遅れました。個人投資家の堂瀬とうしろう、と言います。現在46歳。

金融資産は1億円を超え、昨年45歳で「ＦＩＲＥ」（経済的自立と早期リタイア）を達成しました。ＦＩＲＥ達成で自由な時間が増えたことで、夢にまで見た美しいビーチを巡る旅ができるようになりました。

インドネシアのバリ島で朝日を浴びながら瞑想し、フィリピンのパラワン島で秘境のビーチを探索。イタリアのシチリア島では古代遺跡を散策し、地中海のグルメを堪能。そして、クロアチアのロヴィニでは、『魔女の宅急便』を彷彿とさせる街並みのなか、美しい夕日を眺めながら一日の終わりを迎える。

これは、ちょっとしたコツさえ知っていれば、誰でも夢を現実にできるというひとつの事例です。皆さんが投資する理由はさまざまでしょうが、本書は資金を何倍にも増やし、目標額に到達するお手伝いをする「入門書」であり、「バイブル」でもあります。

他の投資指南書とは何が違うのか。

本書は、読者の皆さん「全員」が、どんな経済環境でも安定した利益を出せるポートフォリオ（いろいろな資産の組み合わせ）を構築できる方法を指南します。分散投資の真髄をお伝えすることで、皆さんの投資の常識が根底から覆るかもしれませんが、新たな一歩を踏み出す覚悟のある方は、ぜひ読み進めてください。

▼FIRE達成にはリスパリがおすすめ

ここで私の投資遍歴についてお話させてください。

私の投資への関心は、小学生だった1980年代後半に遡《さかのぼ》ります。当時、日本はバブル景気の真っ只中で、株価は連日上昇していました。両親も将来のためにと日本株を購入していました。

しかし、1990年代初頭、バブルが崩壊し、株価は急落。両親はパニックになりながらも、株を保有し続けました。その影響で家計は苦しくなり、父は昼夜を問わず働き、母も膝の痛みをこらえながら販売の立ち仕事を続けました。それでも株価が戻ることを信じていたのです。

そこに、2008年のリーマン・ショックが追い打ちをかけます。株価が再び大幅に下落し、とうとう耐えきれずに売却。その後の株価回復の恩恵を受けることはできませんでした。この経験から、私は「株式を長期保有しても、将来のリターンは保証されない」という現実を痛感しました。

そんな私にも転機が訪れます。世界最大のヘッジファンド（多様な投資手法を駆使するファンド）・ブリッジウォーターの「オール・ウェザー戦略」の存在を知り、衝撃を受けました。リーマン・ショックの暴落相場でも大きな損失を回避したというのです。

実は、このオール・ウェザー戦略は、分散投資の第一人者であるレイ・ダリオ氏（以下、敬称略）が自らの資産を守るために開発したものでした。手間が少なく、長期にわたって安定したリターンを提供し、どんな市場の変動にも耐えうるように設計されています。言い換えれば、「株式より低いリスクで、株式のような魅力的なリターンを得る」理想的な投資法です。

やがて、オール・ウェザー戦略は「リスクパリティ戦略（以下、リスパリ）」として広く知られるようになり、多くのプロの投資家が独自の方法を開発しています。

この戦略を知ったとき、真っ先に思い浮かんだのは両親のことでした。もし、両親がこのような投資法を知っていたら、両親の人生はもっと違っていたかもしれない……。そう思うと、胸が締めつけられる思いでした。

それから、私は海外のリスパリの文献を読み漁り、オール・ウェザー戦略を研究しました。詳細は公開されていませんが、入手可能な情報を基に、３つのＥＴＦ（金融商品取引所で取引される投資信託のこと）と5社の大型銘柄だけで構築できるシンプルなリスパリのポートフォリオを作り上げました。これは、オール・ウェザー戦略の核心をできる限り、取り入れたものです。

そのリスパリのポートフォリオを過去のデータを用いてシミュレーションしたところ、結果は驚くべきものでした。リターンの変動幅や、市場の大きな変動に対する反応などブリッジウォーターの成績と類似点が見られたのです（１６４ページ参照）。これは、私が考案したポートフォリオの有効性を強く裏付けています。

その一方で、私は日本赤十字社の財務部門で資金運用に携わる機会を得ました。人命に直結する活動を支える資金を扱うなかで、常にリスクを最小限に抑える運用を心がけていました。この経験は、私の投資哲学に深い影響を与え、安全性と安定性を重視した分散投資の重要性を再確認する契機となりました。

私個人の資産運用においても、リスク管理を第一に考え、リスパリを取り入れた分散投資を続けました。決して高給取りではありませんでしたが、毎月コツコツと積み立てを行い、安定したリターンを目指しました。結果、金融資産が1億円を超え、45歳で「ＦＩＲＥ」を達成したのです。

私が夢を実現できたのは、分散投資の力を信じ、粘り強く続けたからだと認識しています。うまく分散できていれば、予期せぬ最悪のシナリオにも対応できます。

本書では、異なる資産クラスがどのようにしてリスクを減少させ、リターンを最大化するのか。そしてどのようにして株式投資に勝る利益を生み出すのか、その方法を具体的にお伝えします。

金融の専門家から見たら「ちょっと単純化し過ぎじゃないの？」と思われるかもしれませんが、一番大切なのは誰にでもわかりやすく、楽しく伝えることです。投資はみんなのもので、専門家だけのものではありません。

本書には投資にあまり馴染みがない人でも読みやすい工夫をできる限り施しました。例えば各章の冒頭に挿入した、投資初心者の社会人と著者（私）との会話形式もそのひとつです。詳しい投資知識がない方でも、各議論の焦点を事前に定められることで、すんなり読み進められるでしょう。

それでは早速、「投資革命」の世界へと足を踏み入れていきましょう。

２０２４年12月　堂瀬とうしろう

CONTENTS

第1章
新NISAブームに潜む株式投資の罠

第2章

どんな経済環境でも強いリスパリ

CONTENTS

第3章
バックテストで読み解くリスパリの真価

第4章
レバレッジ×分散投資で株式投資に勝つ方法

CONTENTS

第5章
リスパリに弱点は存在するのか?

本書の登場人物

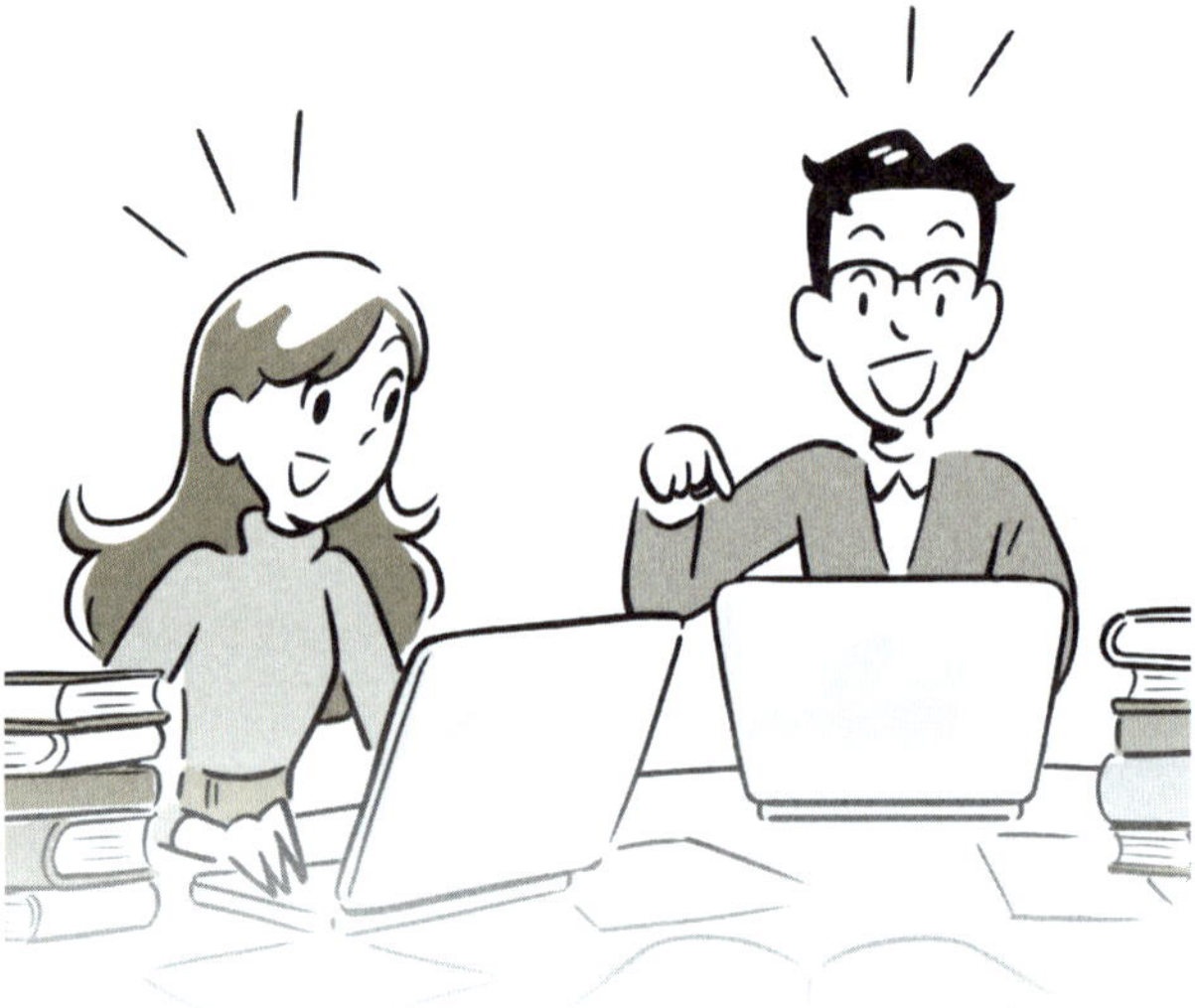

宮島エミ（投資初心者）

お菓子メーカーで事務職として働く入社5年目の27歳女性。貯蓄は銀行預金のみで、投資に関する知識はほとんどない。

堂瀬とうしろう（著者）

2023年に45歳で「FIRE」を達成。金融資産は1億円を超える。リスクが高いと躊躇する人が多い投資の世界で、「リスクは減らせる、でもお金は増やせる」という、魔法のような分散投資「リスパリ」を投資初心者に寄り添って解説する。

第1章

新NISAブームに潜む株式投資の罠

・本書は特定の金融商品の推奨や投資勧誘を意図するものではありません。最終的な投資の判断は、最新の情報を確認し、ご自身の責任で行ってください。
・本書を利用したことによるいかなる損害などについても、筆者および出版社はその責を負いません。
・本書のあらゆる記述やチャートは、例示目的もしくは過去の実績であり、将来の傾向・数値等を保証もしくは示唆するものではありません。

新NISAブームは、実は危ないかもしれない!?

エミ：「ああ、もう！　新NISAの話ばっかり！　テレビもネットも『いますぐ始めよう』って言ってるし、友達もみんな『もう始めた？』って聞いてくるし……。私だけ取り残されてるみたい。どうしよう、焦ってきた……」

（スマホを手に取り、投資アプリを検索する）

エミ：「初心者向けの投資アプリってどれがいいんだろう……。あ、ここに『投資革命リスパリ』ってアプリがある。ダウンロード数5億以上、レビュー件数2582万件で評価は4・9ってすごいな。ホログラムで投資ガイドが出てくるみたいだけど、ちょっと気になる。とりあえずレビューを読んでみよう」

（アプリのレビューをスクロールし始める）

★★★★★　投稿者：みなみん（20代女性）

「私のような投資オンチに最適！　『投資革命リスパリ』で、どんな経済環境でも資産を増やすことができる。たったの8銘柄で、まるで貯金感覚で資産が増えていきます！　リスパリはまさに神・分散投資！」

★★★★★　投稿者：山田太郎（40代男性）

「経済の変動にも強い『投資革命リスパリ』。値動きの異なる資産に分散するから低リスク。予測不要で安心して投資できるのが魅力です。ぜひおすすめ！」

★★★★★　投稿者：Satoshi_777（20代男性）

「1年間で安定した8％のリターンを達成し、大きな損失も避けることができました。無理ゲー環境でも無双するリスパリは最高です！」

★★★★　投稿者：KAZU（30代男性）
「不況でも利益が出るって……どんなバグですか？」
★★★★★　投稿者：さくらんぼママ（30代女性）
「『投資革命リスパリ』はインフレや不況にも強く、株と同等かそれ以上のリターンを期待できる。簡単に始められて、ほったらかしでも大丈夫！　堂瀬さんのサポートも心強いです」

エミ：「レビューは高評価ばっかりだけど、こんなに簡単にいくのかな。リスパリって、リスパリにいるってこと？　なんだか怪しい。でも……試してみようかな」
（エミがアプリを起動すると、堂瀬がホログラムで現れる。）
堂瀬：「かなり焦ってるようだね？　でも心配ないから大丈夫。まずはいったん深呼吸してリラックスしよう」
エミ：「えっっっ!!　誰ですか？　スマホのなかから人が！　なんでこんなにリアルなの!?」
堂瀬：「私はこのアプリのガイド役の堂瀬とうしろうだ。投資革命リスパリへようこそ！　焦る気持ちもわかるけど、まずは一歩ずつ進めばいいんだ」
エミ：「うーん……周りがみんな『新NISAで儲けた！』って自慢してくるんですよ！　同僚も毎日『やらないと損だよ』って言ってくるし。私も早く始めないと、みんなに置いていかれそうで焦っちゃって……」
堂瀬：「それはよくあることだよ。みんなが成功していると、自分も急がなきゃって気持ちになる。でも、焦って始めた投資は失敗しやすいから、冷静に基本を押さえよう」

エミ：「でも、テレビで『株で100億円儲けた人』の話とか聞くと、やっぱり私もやってみたくなって……。なんだか羨ましいっていうか、私もそれくらい稼げるんじゃないかって思っちゃうんです」

堂瀬：「確かに、成功談は魅力的だ。でも、リスクや失敗の話はあまり聞かないよね。まずはリスクを理解することが大切だ。成功の裏には必ずリスクがあるから、しっかり学んでから動くのが正解だ」

※「投資革命リスパリ」は架空のアプリです。

株式投資のみはリスクが大きすぎる

まずは始めにお断りしておきましょう。第1章からかなり刺激的な内容です。過去100年に何が起こったのか紹介していきますが、壊滅的な事例がたくさん含まれています。決して楽しい話ではありませんが、直視して対策を考えるのか、目を背けるかは、皆さん次第です（もちろん対策はあります！）。

▼日本人の多くが軽視している3大リスク

２０２４年1月に始まった新ＮＩＳＡをきっかけに、投資を始める人が増えています。証券会社10社で、２０２４年1〜3月における新ＮＩＳＡ口座の新規開設件数が１７０万件と、前年同期比で３・２倍に増加しました。

メディアでは新ＮＩＳＡ関連の広告が流れ、書店に足を運ぶと投資コーナーが新ＮＩＳＡに関する書籍であふれています。この現象は、多くの人々が投資に興味を持ち始めたことを示していますが、一方で懸念も生じています。

新ＮＩＳＡの人気ランキングを見てみると、オルカン、S&p500、日経平均といった株式のインデックス投資が上位に集中しており、多くの人が同じような投資先に群がっています。恐ろしいことに、こうした人たちの一番のリスクは「買わずに取り残されること」、いわゆるＦＯＭＯ（Fear of Missing Out）になっているのかもしれません。

ＦＯＭＯとは、周りの投資家が大きな利益を得ているように感じ、自分も投資をしなければ損をするのではないかという不安から、冷静な判断ができなくなる心理状態を指します。新ＮＩＳＡブームのなかで思慮深さを欠き、リスク管理が甘くなっていないことを祈るばかりです。

確かに、新NISAのように非課税になる制度は、多くの投資家にとって大きなインセンティブです。しかし、節税ありきの投資は本末転倒です。投資リスクを見失い、結果として痛い目に合うこともあります。

特に単一の資産クラス（ここでは株式投資を指しています）には高いリスクが付きまといます。なぜなら、「**株価の大暴落**」「**株価の長期低迷**」「**ボラティリティ（株価の乱高下）**」という3大リスク（※）を覚悟して、そのまま受け入れなければいけないからです。そのため、新NISAでいま、大人気の株式インデックス投資の継続は、全ての人にはそう簡単ではないかもしれません。本章をご理解いただくことで、いくら積立投資をしていても、**株式の集中投資は、「ノーガード戦法」とも言えるリスクを孕《はら》んでいることが明らかになる**でしょう。

※これらのリスクは、それぞれ独立しているわけではなく、相互に関連し合うため、単純に分類することには限界があることをご理解ください。

～株式集中投資のリスク①～
株価の大暴落

ひとつ目のリスクは「株価の大暴落」です。

いくら普段の投資がうまくいっていても、株式投資のみでは皆さんの大切なお金がほんの一瞬で吹っ飛んでしまう危険性があります。

次の時期は、歴史に残る暴落相場でした（図1－1参照）。

・1929年：世界恐慌

図1-1

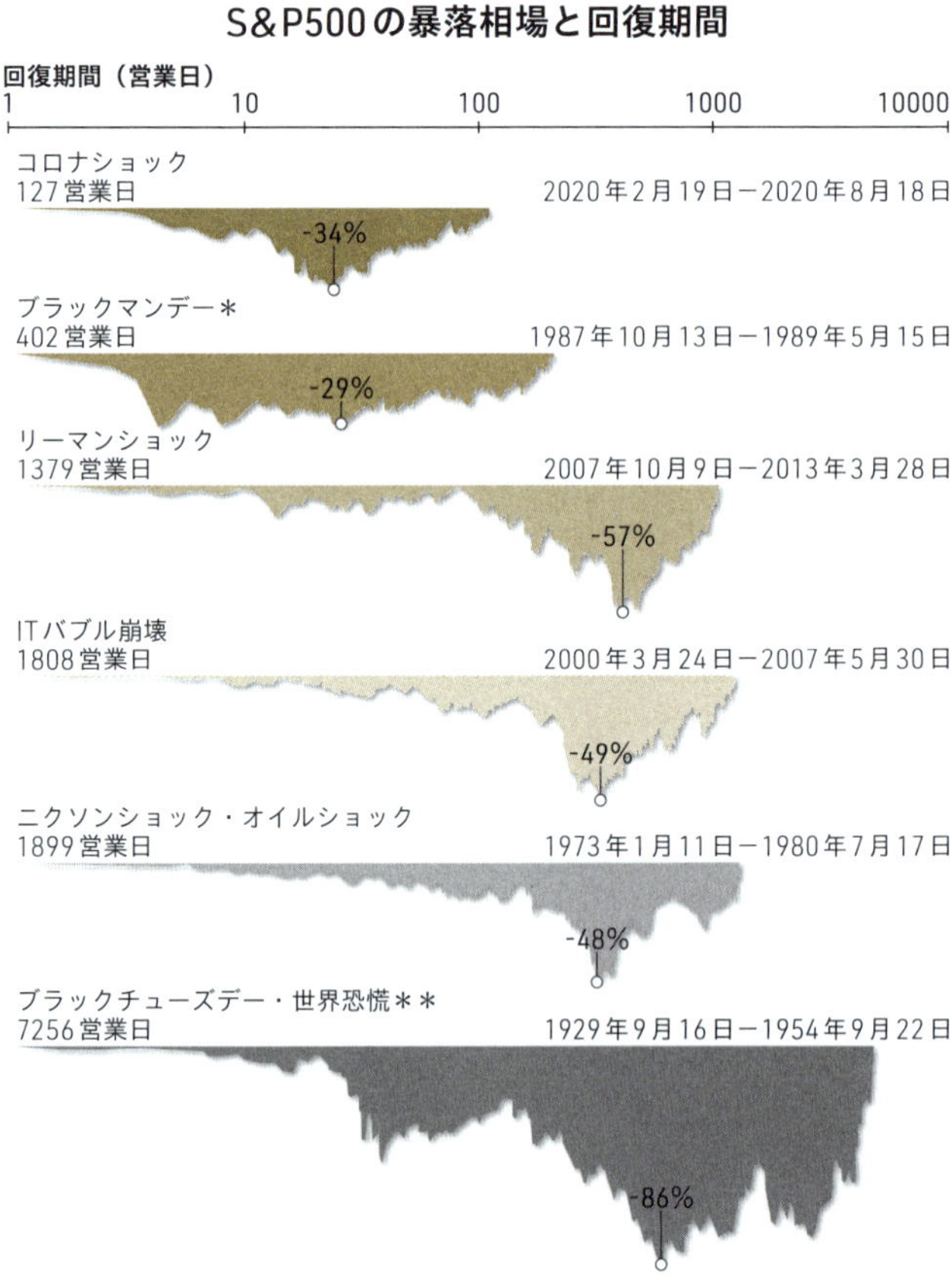

＊ブラックマンデー（1987年10月19日）の前、10月13日に市場はピークをつけました。
＊＊ブラックチューズデー（1929年10月29日）は、ピークから約1カ月後に発生しました。

出所：Visual Capitalist「How the S&P 500 Performed During Major Market Crashes」

図1-2

高く買って安く売る投資家が多い

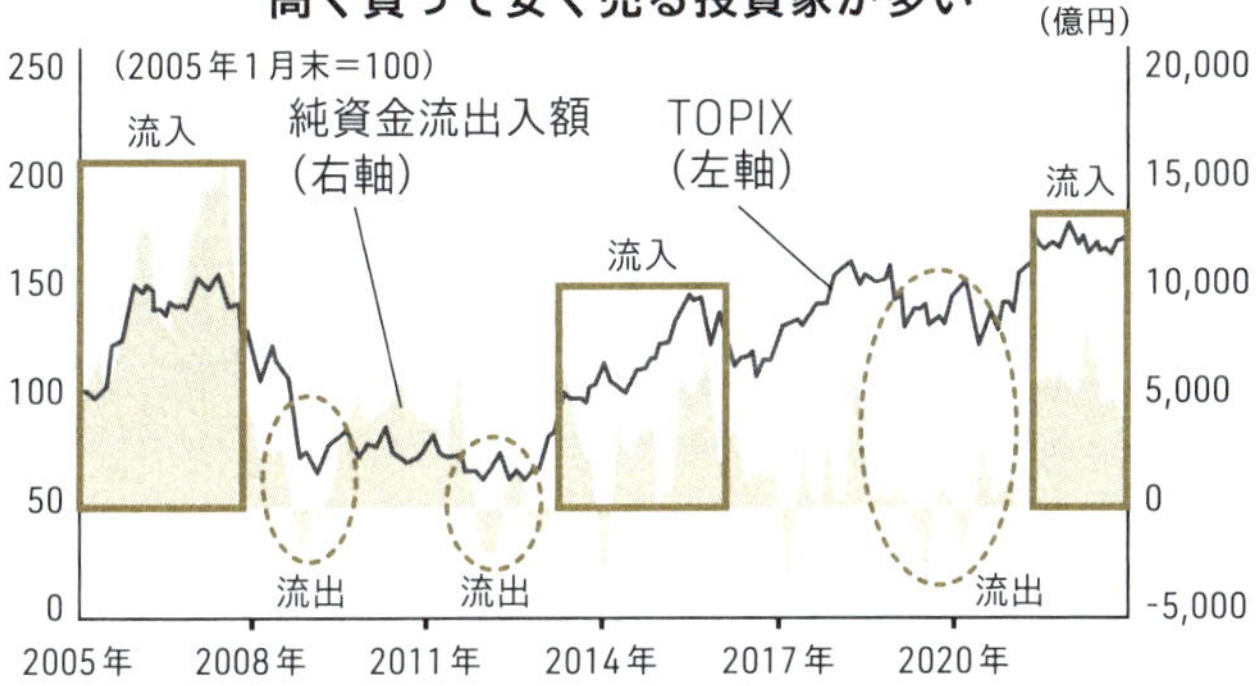

出所：朝倉智也『投資のプロが明かす　私が50歳なら、こう増やす！』(幻冬舎新書)

・１９７０年代：オイルショック
・１９８７年：ブラックマンデー
・２０００年：ＩＴバブル崩壊
・２００８年：リーマンショック
・２０２０年：コロナショック

多くの人は暴落相場になると、メディアに耳を傾け、できる限り情報を集めようとします。しかし、視聴率や閲覧数を稼ごうとするメディアには、恐怖を煽るような報道が増えて、長期保有すると固く決めていた投資家も耐えられずに、安値でパニック売りに走ってしまう傾向が強くなります。

それを示唆するのが図１－２です。**株価**

（ＴＯＰＩＸ）と資金の流出入額を重ね合わせたグラフで、株価が高いときに資金が流入し、株価が安いときに資金が流出していることがわかります。

つまり、高く買って安く売っている投資家が多いのです。

これがどのような結果を引き起こすのか。

今度は図１－３を見てください。

Ｓ＆Ｐ５００に１万ドルを投資した際のリターンを表したグラフです。「市場が大きく上昇したベストの日」を逃すと、投資の成果に大きな影響を及ぼすことがわかります。すなわち、２００３〜２０２２年の間に、ベストの日を逃すと次のような結果になるのです。

・最も上昇した10日間を逃す
　↓リターンは50％以上減少します。
・最も上昇した40日間を逃す
　↓リターンはマイナスに（元本割れ）。

図1-3

S&P500に10,000ドル投資した場合のリターン（2003年1月〜2022年12月）

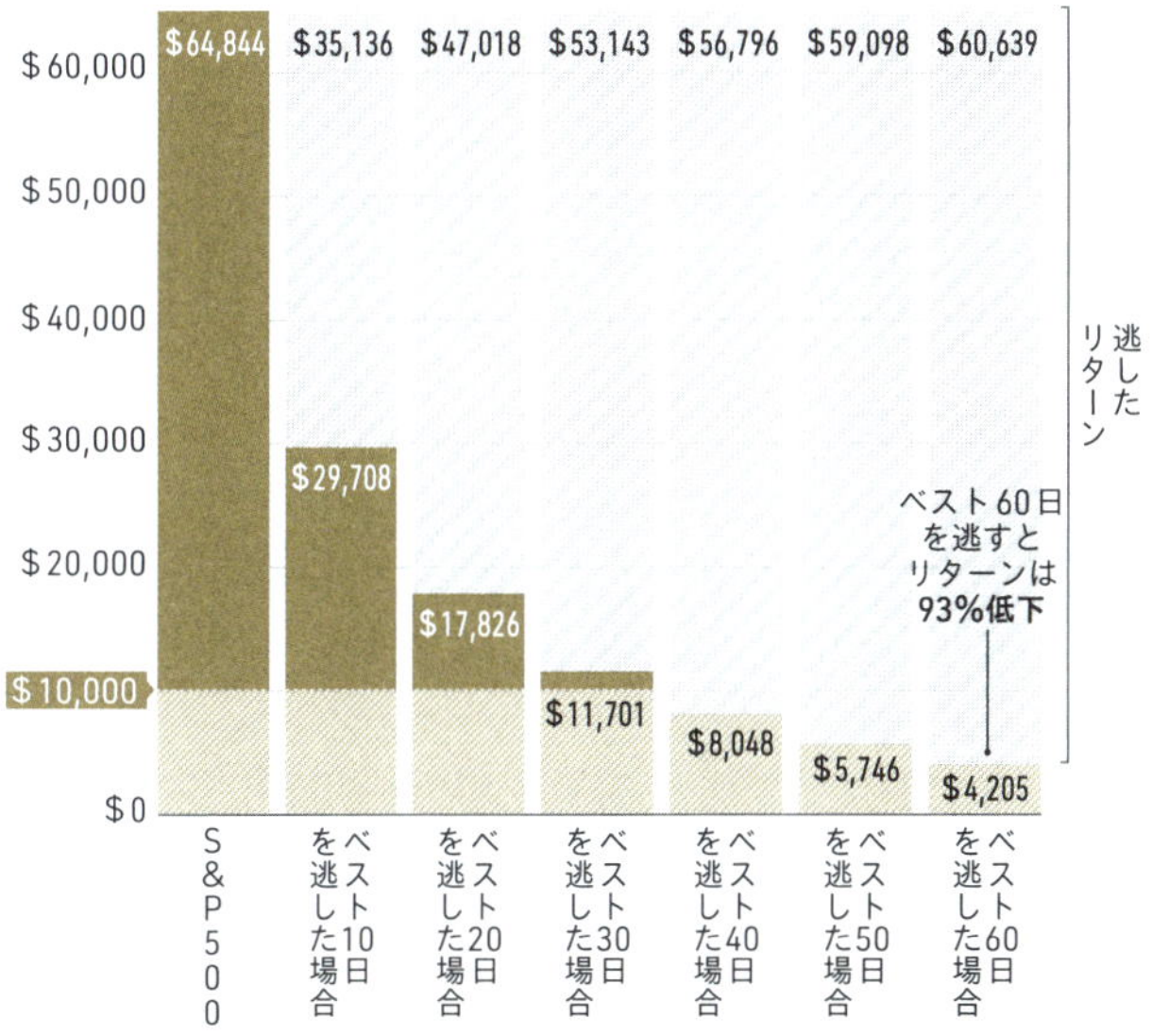

ベスト10日はいつ発生したか？

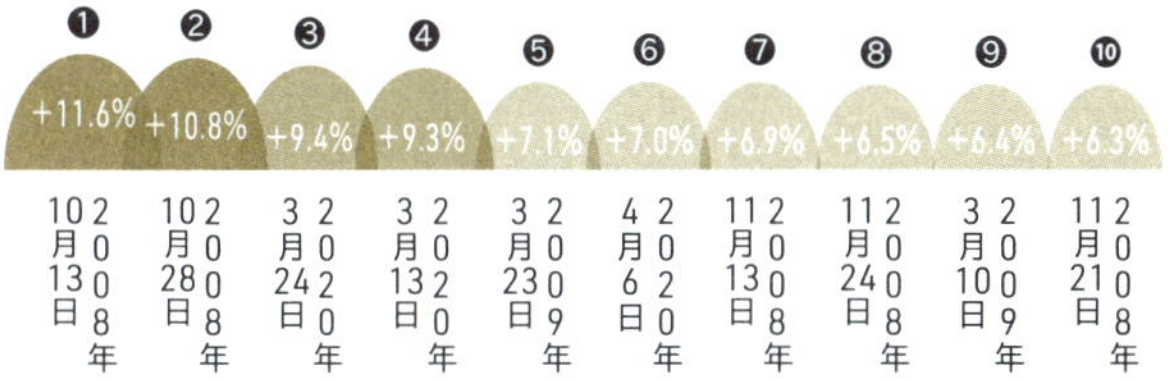

出所：Visual Capitalist

・最も上昇した60日間を逃す
　↓リターンは93％減少します。

さらに興味深いのは、**「ベストの日」の多くが、市場が下落している「弱気相場」のときに発生し、特に市場が大きく下がった「最悪の日」の直後に訪れることが多いという点です。**

要するに、わずか10日、20日、30日間……市場から一時的にでも離れると、資産運用の結果に大きな差が生じるということです。投資のタイミングを計って売買するよりも、ほったらかしで保有し続けることの大切さがわかります。

▼個人投資家は感情的な売買をし、市場平均を下回りやすい

これは決して他人事ではありません。

米国の金融調査会社ダルバー社によれば、次のことがわかっています。

一般的な投資家は市場の平均リターンよりも低いリターンだったことが多く、例えば1986〜2015年の30年間で、一般投資家の年平均リターンは約3・66％でした。

一方、S&p500の年平均リターンは約10・35％でした。両者の差は6・69％に相当します。つまり、**一般投資家は必要以上に売買を繰り返してしまい、何もせずに「ほったらかし」でいたら得られたであろう平均リターンを大幅に下回ってしまう傾向があるのです。**

投資の世界では、不利なタイミングで売買するように、巧妙な罠がたくさん仕掛けられています。

例えば、暴落相場のときには、「リーマン・ショックを的中させたA氏」「この下落相場を予想していたB氏」といったエコノミストやインフルエンサーが頻繁にメディアに登場します。そして、次のようなアドバイス（狼狽売りを引き起こす有害なノイズ）を自信をたたえた面持ちで口にします。

「株価はあと○%下落する可能性がある」

↓将来の不確実性を強調し、投資家に潜在的な損失を恐れさせます。


「景気後退が近づいている」

↓不透明さを強調することで、下落する前に対策を講じるよう促します。


「まだ株を手放していない人は下落相場を理解していない」

↓過去の金融危機を引き合いに出し、投資家の恐怖心を煽ります。


「今回の下落相場は、過去の○○ショックに似ている」

↓過去の景気後退と比較することで、恐怖心を煽る強力な手段です。


「自分の知り合いの億り人はみんな逃げ足が速い」

↓X（旧Twitter）等のSNSでインフルエンサーが発する無責任なメッセージです。

尊敬を集めるプロの助言（天才と呼ばれる投資家やエコノミスト）に逆らうのは簡単ではありませんが、それでもこういった人たちの予想に耳を傾けないように気をつけなければなりません。

多くの職業では、スキルや経験が将来の結果に結びつくため、過去の実績は将来の成功を左右する目安になります。外科医、料理人、美容師など、優秀な人材は長期間にわたって不運に見舞われることはほとんどありません。

一方、エコノミストにはこの原則が必ずしも当てはまるとは限りません。**たとえ予想を大きく外しても、多くのエコノミストは舌の根も乾かないうちに、今後の市場の見通しや値上がりしそうな銘柄について意気揚々と話します**。専門的なデータを駆使して信頼性を演出し、過去のデータを都合よく組み合わせて、言葉巧みにストーリーを作り上げます。

しかし、市場は無数の不確定な要因に影響を受け、それらの要素がどのように作用するかはわかりません。どんなに優れたエコノミストであっても、100％正確な予測を出すことは不可能なのです。

事実、ＦＲＢ（連邦準備制度理事会）ですら、利用可能な最善の情報と理論を用いているにもかかわらず、経済予測を外すことは多いです。

例えば、近年でもコロナ後のインフレ予測を大きく外しています。ＦＲＢは当初、インフレを「一過性」であると見なしていました。しかし、インフレ圧力がより長期的なものとなる可能性が高まるにつれ、その見方を修正する必要に迫られました。２０２２年６月にはインフレ率が９・１％上昇し、予測を大幅に上回りました。

投資の世界では、未来が予測できないことを認めることが大切です。謙虚さは投資の要であり、過信はその敵です。間違っても「意味のないノイズに惑わされて、予想できるはずのない未来を予想で対処しようとしてはいけない」のです。

～株式集中投資のリスク②～
株価の長期低迷

ふたつ目は「株価の長期低迷」です。

これが最もタチの悪いリスクなのかもしれません。株価が急激に下落した後に短期間で急激に回復する「V字回復」は一瞬で過ぎ去る台風にすぎません。しかし、長期にわたる株価低迷は投資家の心身を擦り減らします。

プロの投資家でも軽視しがちですが、歴史を振り返ると、株価の長期低迷は多くの国で見られた現象です。

『世界秩序の変化に対処するための原則』（日本BP、レイ・ダリオ著）によると、1900年代初めには、世界は明るく見えていました。

第一次世界大戦前の約50年間は大きな紛争がほとんどなく、ヨーロッパの大国間には強い同盟があり、平和と繁栄が保たれていました。国際貿易も急増し、アメリカ、日本、フランス、ドイツ、ロシアなどが強大な国となり、イノベーションも急速に進歩していました。

しかし、**20世紀前半には多くの国で富がほぼすべて消滅したのです**（図1－4、1－5参照）。富が消滅しなかった国でも、資産から得られるリターンがひどく、すっからかんになった時期が何度もありました。

一方、20世紀後半には多くの国が高リターンを上げましたが、20世紀前半に低リターンに苦しんだ投資家には、想像もつかなかった未来でした。こうした歴史を振り返ると、将来の経済は、多くの人の考えとは異なる予想外の展開を見せる可能性が十分にあると言えるでしょう。

さらに、『Risk Parity：How to Invest for All Market Environments』（アレックス・シャヒディ著）によると、1926～2021年までの間、2度の世界大戦に勝利し、比類なく恵まれた米国の株でも、ランダムに選んだ10年間で現金のリターンを下回る確率は約18％ありました。つまり、5回に1回は株式投資が現金よりも悪い10年間を経験する可能性があったということです。

▼長期的な市場の低迷に多くの人は耐えられない

投資において「生存が第一」という考え方があります。大きな損失を避けて、投資を継続することを最優先するという投資哲学です。

株価が上昇しているときに、投資を継続するのは簡単です。しかし、**市場が長期的に不安定で逆境に見舞われたときに、信念や忍耐を欠くと、過剰なリスクを取る売買に走ったり、投資から撤退したりするリスクが高まります**。多くの人は、1～2年のマイナスには耐えられても、5～10年で忍耐力の限界に達してしまうことが多いのではないでしょうか。

図1-4

日本株式の実質リターン（1900年〜2000年）

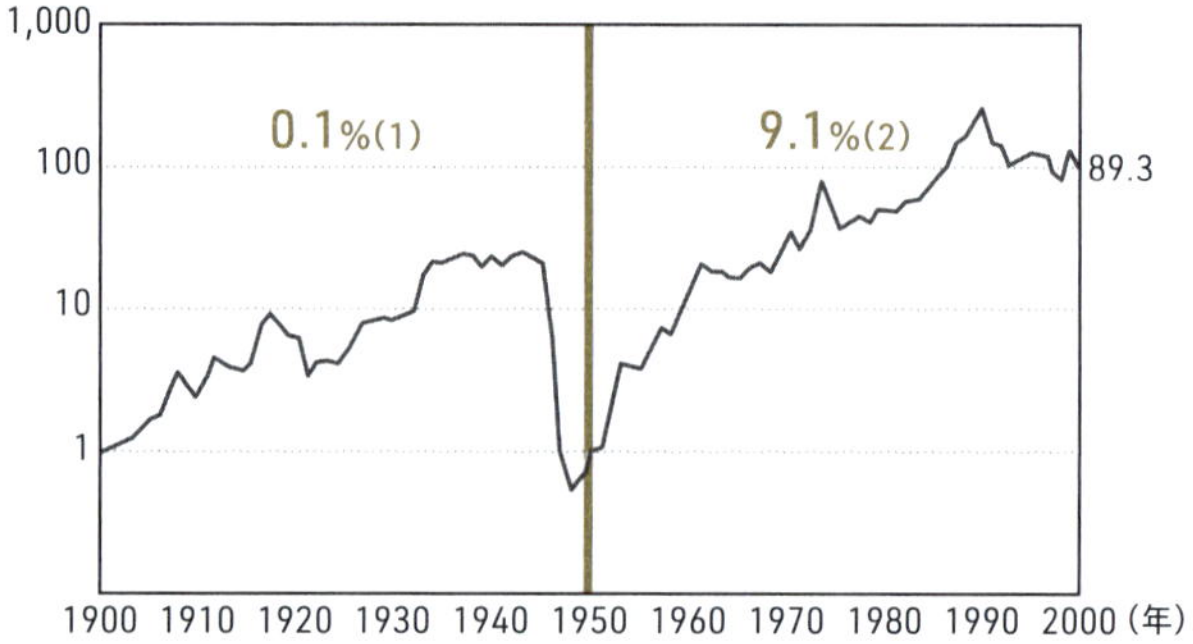

世界株式の米ドルベース実質リターン（1900年〜2000年）

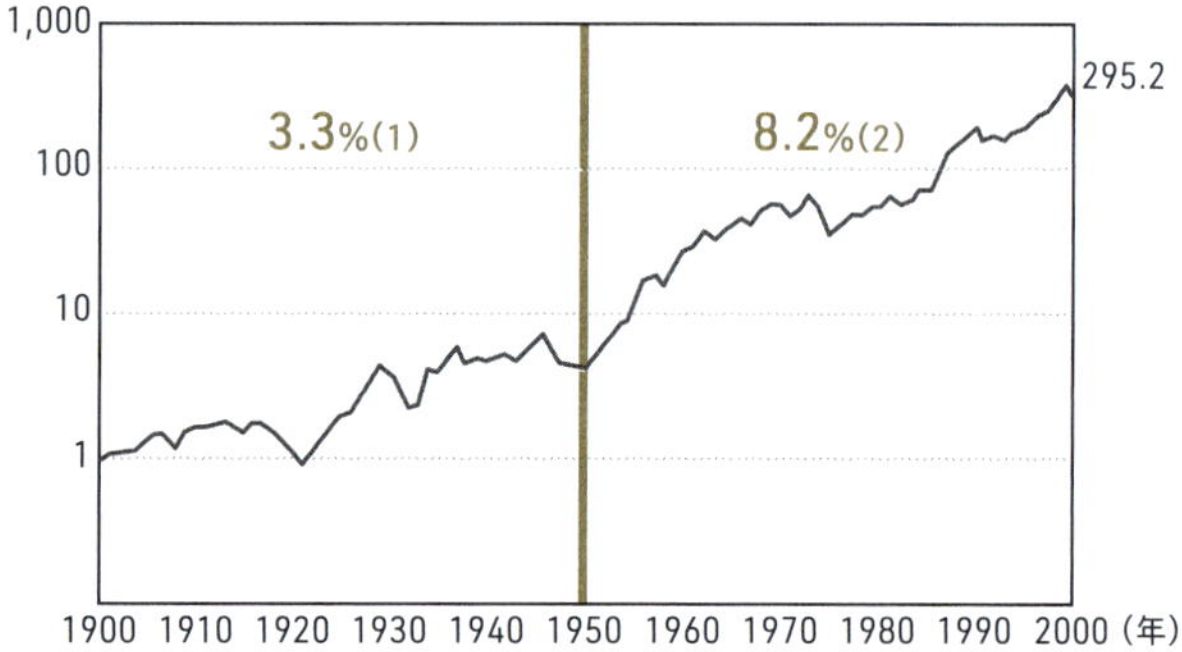

出所：エルロイ・ディムソン、ポール・マーシュ、マイク・ストートン
『証券市場の真実』（東洋経済新報社）
（1）1900〜1949年の実質リターン
（2）1950〜2000年の実質リターン

図1-5

投資家にとって最悪の経験（主要国）

株式60%、債券40%で構築したポートフォリオで
実質リターンが20年間で-40%以下だった主なケース

国名	20年の期間	20年間の最悪リターン（実質、累積）	詳細
ロシア	1900～1920年	-100%	ロシア内戦によって政権を握った共産党が国債支払を拒否し、金融市場が破壊された
中国	1930～1950年	-100%	第二次世界大戦中、証券市場は閉鎖された。また1940年代後半に共産党が支配すると廃止された
ドイツ	1903～1923年	-100%	第一次世界大戦後、ワイマール共和国のハイパーインフレで資産が破綻した
日本	1928～1948年	-96%	第二次世界大戦後の急激なインフレによって、市場再開後の日本市場と通貨は破綻した
オーストリア	1903～1923年	-95%	ワイマール共和国ほど悪名高くはなかったが、同じようにハイパーインフレによって第一次世界大戦後の資産収益率は低かった
フランス	1930～1950年	-93%	大恐慌、それに続く第二次世界大戦とドイツによる占領で収益率が低くなり、高いインフレに見舞われた
イタリア	1928～1948年	-87%	他の枢軸国と同様、イタリア市場は第二次世界大戦終結後に破綻した
イタリア	1907～1927年	-84%	第一次世界大戦後、不景気と高インフレに苦しみ、ムソリーニの躍進を助けた
フランス	1906～1926年	-75%	20世紀初頭の第一次世界大戦と、1920年代初頭に起きたインフレによる通貨危機による
イタリア	1960～1980年	-72%	不景気から、高い失業率とインフレが起き、1960年代～1970年代には通貨切り下げを経験した

出所：レイ・ダリオ『世界秩序の変化に対処するための原則』（日経BP）

人の寿命には限りがあるため、長期的な低迷の時代か上昇している時代か、誰もがどちらかしか経験していません。長期的に上昇している時代を生きてきた私たちは、長期的な下落に対する備えが不十分であることが多く、過去の個人的な「経験」に基づいて楽観的な予測をしがちです。「これまでのリターンが良かったのだから、将来も同じような結果が得られるだろう」と考えがちですが、そうした楽観的な考え方が失望を招くことも多いのです。

～株式集中投資のリスク③～
ボラティリティ（株価の乱高下）

3つ目は「ボラティリティ」です。

ボラティリティとは「価格の変動幅」のことです。ざっくり言えば、株価の「グワングワン」とした大きな変動のことです。ボラティリティが高いと、価格の変動が大きくなります。逆に低いと、価格は安定しています。

ビールを売っている屋台を例に考えてみればわかりやすいです。晴れた日はたくさん売れるけれど、雨の日はほとんど売れない。このような売上のばらつきを、投資の世界ではボラティリティと呼びます。

もっとわかりやすく言えば、「超気分屋のアイドル」のようなものです。今日はファンに愛想を振りまいて、明日は誰とも話さない。このような不確実性が株価の動きと似ています。

▼各資産のリターンはリスクを合わせると似たようなレベルに収束

多くの人は株価上昇に酔いしれ、そのリターンには高いリスクが伴っていることを忘れがちです。

株式のリターンが歴史的に高かった理由のひとつは、株式が他の資産クラスに比べて高いリスク（ボラティリティ）を持つためです。リスクが高い投資ほど、それに見合った高いリターンが期待されます。

つまり、どの資産も、リスクに見合ったリターンを提供することで、あなたのお金を引き寄せようとしているのです。この競争によって、各資産のリターンはリスクを考慮に入れると、似たようなレベルに収束する傾向があります。

図1－6を見てください。米国株（S&P500）と同じリスクレベルに調整した各資産のリターン（リスク調整後リターン）を比較したものです。**リスクを米国株と同じ水準に合わせると、債券と株式のリターンに大きな差は見られません。**どの資産も5％前後のリターンで、ほぼ同じ水準に達しています。株式などの高リスク資産に集中して投資することは、リスクが偏りやすく、必ずしも最適な選択ではないことがわかります。

▼株式は平均リターンを確実に得られるわけではない

『株式投資　第4版』（日経BP、ジェレミー・シーゲル著）によると、米国株の実質リターンは年率6・8％（1802～2006年）です。理論的には達成可能に見えますが、6・8％を未来の予測にそのまま適用することは危険です。

6・8％という年率リターンは、約200年という長期間のデータを基にしたものです。そのため、**個人レベルで投資期間が短いと、平均値から大きく外れる可能性が高いのです。**

現実に6・8％のリターンを達成できた投資家は、ほとんどいないでしょう。

極端な例ですが、100年に1回だけ1000％のリターンを実現する投資商品を考えてみましょう。残りの99年間はリターンが0％です。この場合、数学的には「年平均10％のリターン」と計算されますが、100年に1回の大リターンを除くと、資産は増えないのです。

したがって、**株価が安定している時期に投資を開始し、一貫して平均6・8％のリターンを期待するのは適切ではありません**。

株式投資はボラティリティが高く、リターンの分布は歪んでいます（少数のとても良い期間が全体の平均を引き上げています）。そのため、平均リターンを確実に得られるという判断で投資することは極めてリスクが高いのです。

▼株を「安値で買う」のはやっぱり難しい

「だったら、タイミングを狙って安いときに株を買えば平均を上回るリターンを狙うことができるのでは？」と考えるかもしれませんが、現実にはなかなか難しいということも理

図1-6

リスク調整後の期待超過リターン（S&P500のリスク水準）

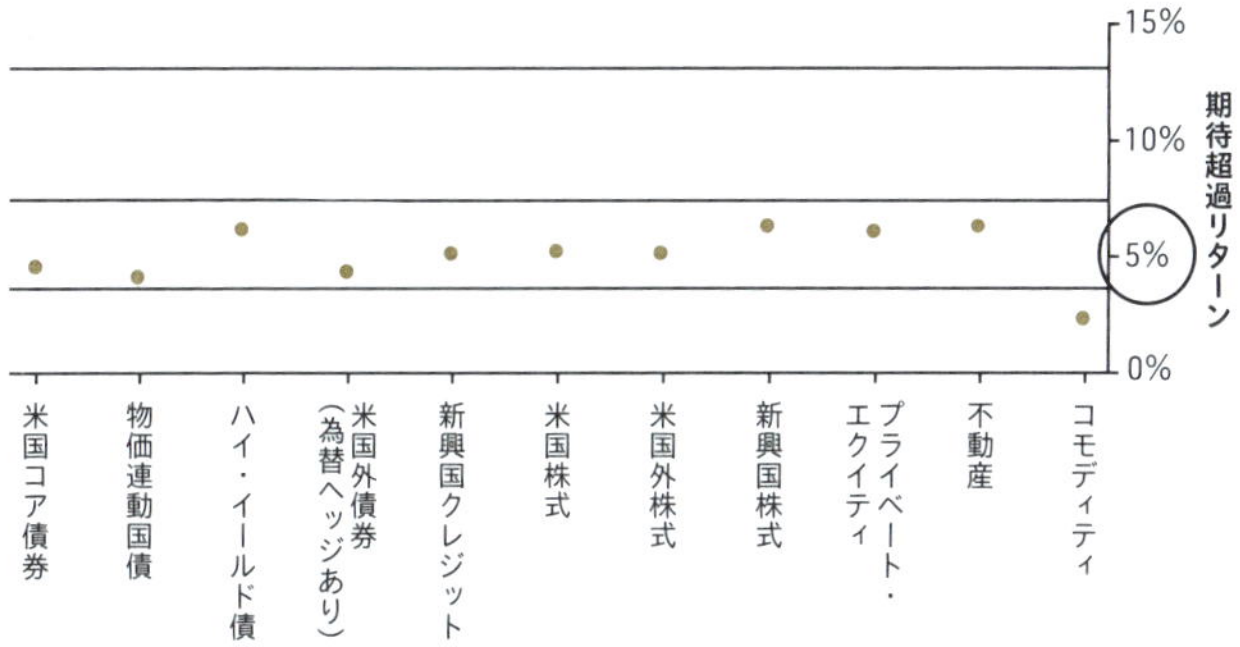

出所：bridgewater「Research & Insights The All Weather Story」

解しておくべきです。

一般的には、株価が下がったときが「買いどき」とされていますが、株式のボラティリティは高いため、実際には底値を正確に見極めるのは極めて困難です。

その典型的な例が「ベアマーケットラリー」です。**ベアマーケットラリーとは、弱気相場のなかで一時的に株価が上昇する局面を指しますが、この一時的な上昇は、「もう底打ちしたのではないか」「いまが買いどきだ」といった誤解を生じさせます。**

世界恐慌時には新しい経済政策が発表されるたびに、短期的な上昇が何度も起こりましたが、最終的には90％近くも下落する

図1-7

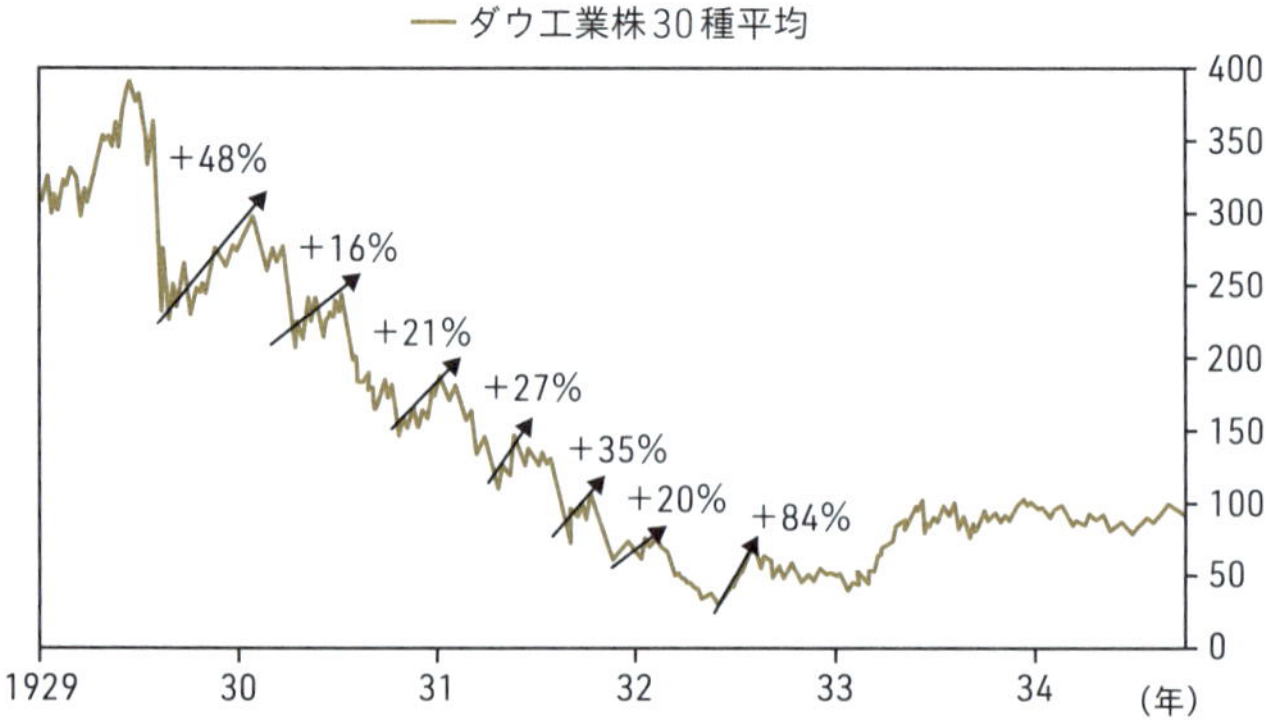

出所：レイ・ダリオ『巨大債務危機を理解する』(日経BP)

全体的なトレンドに押し戻されました（図1－7参照）。リーマン・ショック時も同様に、2008年10月末の1週間で19％上昇し、年末の6週間では24％の上昇を見せましたが、その後の下落により新たな安値を記録しました。

こうした歴史的な事例からも明らかなように、株を「安値で買う」というのは思ったほど簡単ではありません。投資の世界には「落ちてくるナイフをつかむな」という有名な格言があります。株価が底を打ったことを確認してから投資すべきという意味ですが、その底を見極めるのは難しく、格言に従うこと自体が不可能に近いのです。

不確実な未来でも安定したリターンを生み出す投資方法

ここまで株式投資に集中することのリスクを見てきました。

投資で成功することが難しいのは、多くの人の運用方法に問題があったからではありません。そもそも株式だけに投資すること自体が大きなリスクとなっていたのです。

では、どうしたら3つの「投資リスクとの闘い」を制することができるのでしょうか。

私は投資のリスクだけを解説したいわけではありません。投資で損する人を本気でゼロにしたいのです。

しかも、リターンを減らさずに投資リスクを撲滅したいのです。

▼投資はオリンピックで成功するよりも難しい

では、どんな投資法を選択すべきか。

大前提として理解しておいてほしいのは、「マーケットで成功するのは、オリンピックで成功するよりも難しい」ということです。**マーケットには、世界中から優秀な頭脳と巨額の資金が投じられており、個人投資家がプロに勝つのは困難です**。この事実をしっかりと認識しましょう。

そのため、個別株の銘柄選定や市場のタイミングを見計らう投資方法は、多くの個人投資家にとって適切な戦略ではありません。**これらの方法は、市場平均を超えるリターンを追求することで、他の投資家と利益を奪い合う「ゼロサムゲーム」だからです**。失敗すれば、市場平均のリターンすら失う恐ろしいリスクを伴います。

▼ゼロサムゲームではなく、分散の力を活用する

ここで一度「投資リターン」を分解して整理してみましょう。

◎投資リターン＝現金のリターン（①）＋ベータ（②）＋アルファ（③）

①現金のリターン：銀行預金などの安全な資産から得られる無リスクのリターン。
②ベータ：株式市場や債券市場などの資産クラスを長期間保有することで得られるリターン。市場に連動するリターンで、市場を上回ることは目指さない。例えば、S&P500に連動するETFから得られるリターンのこと。投資家は安全な現金を手放してリスクに対して報酬（リスクプレミアム）を求めるため、ベータは長期的に現金を上回る。
③アルファ：銘柄選定や取引タイミング等のアクティブな運用による損失または利益。

誰かが利益を得ると、別の誰かが損をする「ゼロサムゲーム」。

一般的に、投資リターンは上記の3つを足し合わせたものです。①②③を分けて考えることで、リターンの源泉とそれに伴うリスクを明確に理解し、管理できるようになります。しかし多くの人は、投資リターンを分解して考えておらず、その結果、多くの重要なポイントを見逃しています。

前述した世界最大のヘッジファンド、ブリッジウォーターには数億ドルもの資金が投じられ、従業員数は1500人を超えていると言います。これらの大規模な資金と人材は、個人投資家にとっては大きなハンデとなります。個人投資家は圧倒的に不利な立場にあるのです。

ポーカーゲームに参加するのと同じように、投資のゼロサムゲームでは、「誰と競うのか」「勝つ見込みがあるのか」「勝つための準備はできているのか」を慎重に考える必要があります。

では、「元本割れしない超低金利の銀行預金（現金）でいいや」と諦めるのか。それも誤りです。

投資には新NISAに匹敵する（もしくはそれ以上の）とっておきの方法が残っているのですから。

では、その方法とは何か。

答えは、「分散投資（リスパリ）」です。

「どの資産に投資すれば一番儲かるのか？」は予測不可能です。どんなに自信があったとしても、その予測が外れる可能性はあります。

もしひとつの賭けに集中（例えば、株式集中投資）してしまうと、賭けが間違っていた場合、先述の通り、投資額のすべてを失う可能性があります。これはまるでロシアンルーレットのようなもので、最終的には必ず「弾が入っている」瞬間が訪れ、命取りになります。

多くの投資家にとって重要なのは、市場に連動するリターン（ベータ）を得るために長期で多様な資産に分散し、ゼロサムゲームで無理に市場を上回ろうとしないことです。経済環境によって各資産の値動きは異なるため、適切に組み合わせることでリスクを軽減するのです。

バランスの取れたポートフォリオを長期で保有すれば、時間があなたの味方となります。この方法は簡単で、誰でも成功しやすいのが特徴です。そのため、3大リスクとの闘いを制しながら、現金よりもはるかに高いリターンを安定的に得られます。

▼10年後、20年後の不確実な未来でも安心

「新NISAはやめておけ」なんて暴論を吐く気はありません。ただし、節税のメリットにとらわれすぎて、投資対象を株式だけに限定するのは避けましょう。事実、本書で推奨する一部の銘柄（米国債ETFやレバレッジETF）は新NISAの対象外です。そのため、税制優遇はあくまで投資戦略の一部として位置付けるべきです。

ここまでに述べたように、将来は不確実です。

大切なのは、市場がいままでに起きなかったような不測の事態（戦争、疫病、革命、通

貨暴落など）に見舞われても、ポートフォリオがそれに耐えられるかどうかです。その点、分散投資は他のどんな投資スタイルよりも、不確実な未来で利益を出すことができる優れた戦略です。

分散投資の方法は、本書で紹介する内容を理解し実践するだけでＯＫです。

今後10年間は通用しても、20年後には通用しない。そのような投資方法など、そもそも間違っています。**リスパリに説得力を持たせているのは、10年後でも20年後でも、安定したリターンが得られるという「時代を超えたコンセプト」にあるのです。**

COLUMN▶▶ 大きな損失は投資の敵

一般的に、投資では誰もがリターンだけに着目し、リスクにはあまり注意を払いません。しかし、大きな損失からの回復は困難です。具体的に言えば、50％の損失は50％の利益では元の金額に戻らないので、絶対に避けるべきです。

リーマン・ショックのような大規模な金融危機では、株価が半値になることを当然のことだと思いがちではないでしょうか。事実、「少しの忍耐力があれば、誰でも成功できる」と解説する株式投資マニュアルは多いです。しかし、50％の損失を出した場合、100％の利益を出さなければ元に戻すことはできません。

図1－8を見てください。100万円を投資し、その半分の50万円を失った場合（50％の損失）、残りの50万円が100万円になるまでには、100％の利益を出す必要があります。50％の損失の後に50％の利益を上げても、元の金額に戻るわけではありません。

図1-8

【元の資金】１００万円

↓ 50％の損失（１００万円×50％＝50万円の損失）

【損失後の資金】50万円 **（１００万円－50万円）**

↓ 損失を取り戻すのに必要な利益率：１００％（損失後の資金の倍）
利益の計算：50万円×１００％＝50万円の利益

【回復後の資金】１００万円 **（50万円＋50万円）**

※50％の損失の後に50％の利益を上げても、元の金額には戻らない。

↓ 50％の利益（50万円×50％＝25万円の利益）

【50％の利益の場合の資金】75万円 **（50万円＋25万円）**

上記のロジックは多くの人が誤解しやすいものです。例えるなら、損失は並べたドミノを誤って倒してしまうようなものです。一度倒してしまうと、同じように並べ替えるのは途方もない時間と労力が必要です。同様に、投資で大きな損失を出してしまうと、元に戻すには、多大なリターンが必要です。

株式投資でいくら高いリターンを出しても、穴の開いたバケツに水（リターン）を入れては意味がありません。１９９０年代初頭の日本のバブル崩壊のような危機が人生の後半に起きた場合、損失を取り返す時間は残されていないかもしれません。

だから、大きな損失は絶対に出してはいけないのです。

第2章

どんな経済環境でも強いリスパリ

株の乱高下も気にせず ほったらかしでOK！ 分散投資って何なの？

エミ：「うわぁ〜、株だけに投資するのってホント怖いですね……。暴落したらお金がなくなるんじゃないかって思うと、夜も眠れなくなりそう。そもそも、いまも生活費でいっぱいいっぱいなのに。金融危機が来たら、みんな『ヤバい！』ってパニックで売っちゃうんですよね？　私も絶対そうなりそうだな……」

堂瀬：「焦らない、焦らない。『高く買って安く売る』は絶対にやっちゃダメなパターンだよ。実際、みんなやりがちなんだ。株価が上がると『これは買いだ！』って飛びつきたくなるし、下がるとパニックになる」

エミ：「やっぱりそうなんですね！　でも、株ってそんなに上下するものなんですか？　毎日、ニュースで株価が乱高下してるの見ると、ますます怖い」

堂瀬：「株にはボラティリティっていう、価格が上下する特性があるんだ。まるでジェットコースターみたいにね。でも、その振れ幅に振り回されてたら、気づけば疲れ果ててるよ」

エミ：「確かに！　私、ジェットコースター苦手なんです……。で、どうすればその振り回される感じから抜け出せるんですか？　裏技とか、何か逃げ道はないんですか？」

堂瀬：「その答えが分散投資だ。株だけに賭けず、債券や金、コモディティにも投資を分けることで、リスクを抑えられる。いろんな資産がチームを組んでくれるイメージだね」

エミ：「チームワークかぁ。何だか急に投資がスポーツみたいに感じられてきた！　でも、そんなにたくさん投資するの、難しくないんですか？　正直、時間もあんまりなくて……」

堂瀬：「心配無用！　いまはネット証券が便利で使いやすいから、簡単に分散投資ができる。ほったらかしでOKだから、忙しい社会人にもぴったりだ」

エミ：「ほったらかしなら私でもできそう！　次はそのポートフォリオの作り方、詳しく教えてください」

世界経済がどうなっても安心の基本ポートフォリオ

結局のところ、読者の多くが知りたいことは、「どの資産」「どの銘柄」を「どのくらい買えば」いいのかでしょう。本書ではリスク許容度に応じて、4種類のポートフォリオを順次取り上げていきます。

まずは基本ポートフォリオです。

基本ポートフォリオの構造（作り方）は79ページ以降で述べていきますが、**図2－1に掲載した合計8商品をSBI証券や楽天証券で8回「ポチポチポチポチ」と購入するだけでマネー・マシーンの完成です。スマホで誰でも簡単に買うことができます。**

図2-1

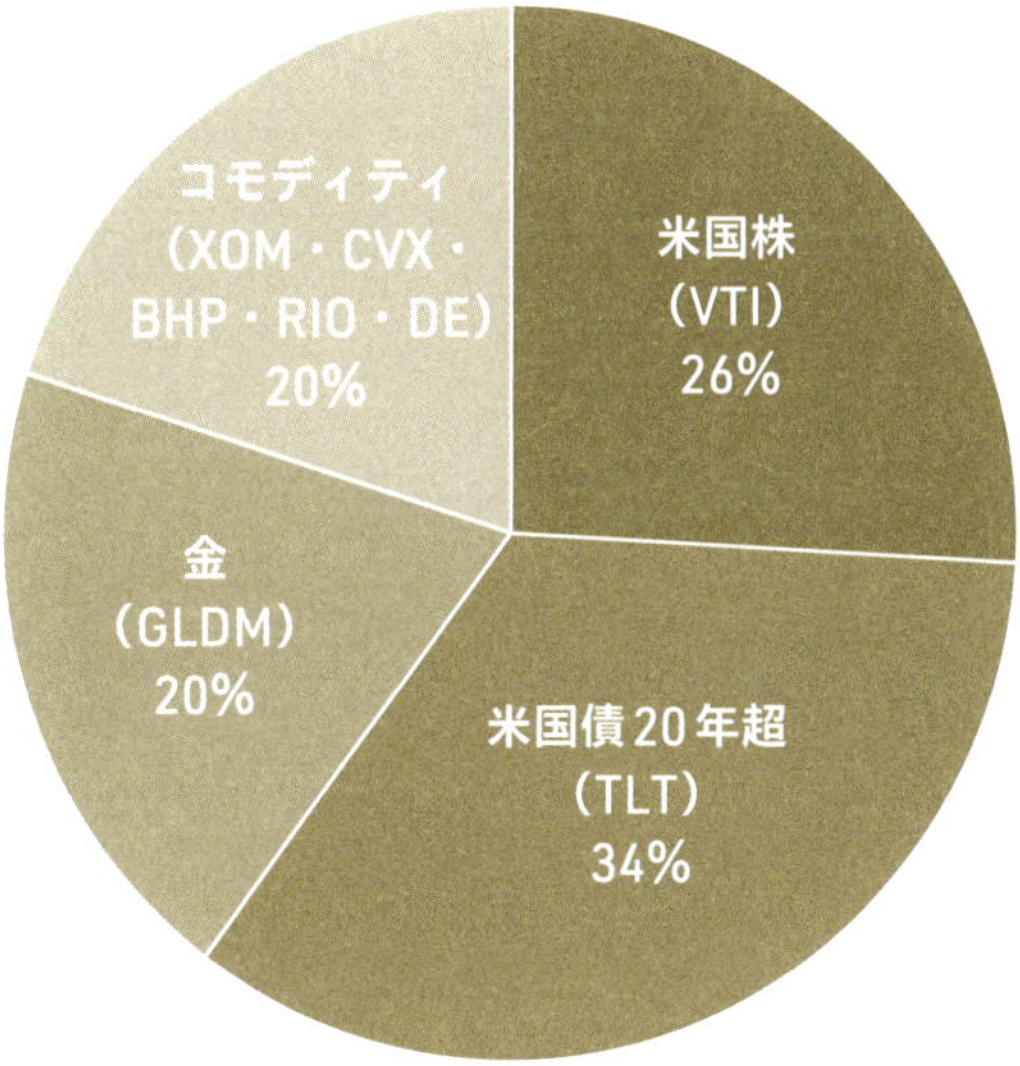

上記の合計8商品に分散投資するだけで
世界経済がどうなっても株式集中投資に
負けないリターンを得られる！

1年間で1～2時間のメンテナンス（166ページでご紹介する「リバランス」）は必要ですが、世界経済がどうなったとしてもほったらかしで安定したリターンを得られます。**リスパリのポイントは、ETFやコモディティの代表的な銘柄を使って、市場平均をできる限り低コストで買うことです。**金融業者が銘柄選びをするアクティブファンド（先述の通り、ゼロサムゲームです）は使用しません。

また、不動産やビットコインは、過去データではどの経済環境で利益が出るのか明確に判別できないので外しています。わからない投資対象を使わないこともリスパリのポイントのひとつです。売買が難しい未公開株、ヘッジファンド、高級時計、絵画、切手、宝石、アンティークコインといったものも対象外としています。新たな金融商品の登場等により、より低コストで同等またはそれ以上の性能を持つETFなどが出てくる可能性があります。商品を選ぶときには、最新情報を確認することをおすすめします。

▼米国株よりも低リスクで同等の高リターンを実現

図2-2

資産クラス	配分	対象ETF・投資信託・銘柄	特徴
米国株	26%	バンガード・トータル・ストック・マーケットETF（VTI） ※SBI･V･全米株式インデックス・ファンド等で代用可	米国上場企業のほぼ100%にあたる約4000社の株式にまとめて投資できるETF。
米国債20年超	34%	iシェアーズ米国債20年超ETF（TLT）	満期が20年以上の米国債ETF。
金	20%	SPDRゴールド・ミニシェアーズ・トラスト（GLDM）	金（ゴールド）の価格に連動するETF。
コモディティ	20%	・エクソン・モービル（XOM） ・シェブロン（CVX） ・BHPグループ（BHP） ・リオ・ティント（RIO） ・ディア・アンド・カンパニー（DE） ※4%ずつ5等分する。	エクソン・シェブロンは世界最大級の石油・ガス会社。BHP・リオは世界最大級の鉱業・資源会社。ディアは世界最大の農業機器メーカー。5社ともコモディティの代表企業。

リスパリの基本ポートフォリオを見た後で、多くの方は下記のような感想を持ったかもしれません。

「米国株26％では絶対リターンが低いはずだ」

「金や国債なんて、定年退職者向けの商品じゃないの？」

「コモディティに20％も配分するなんてバカじゃないの？」

「これで株の市場平均を上回れるわけない」

論より証拠。

図2-3

リスパリは、米国株と同等のリターンを、より低リスクで実現できる。

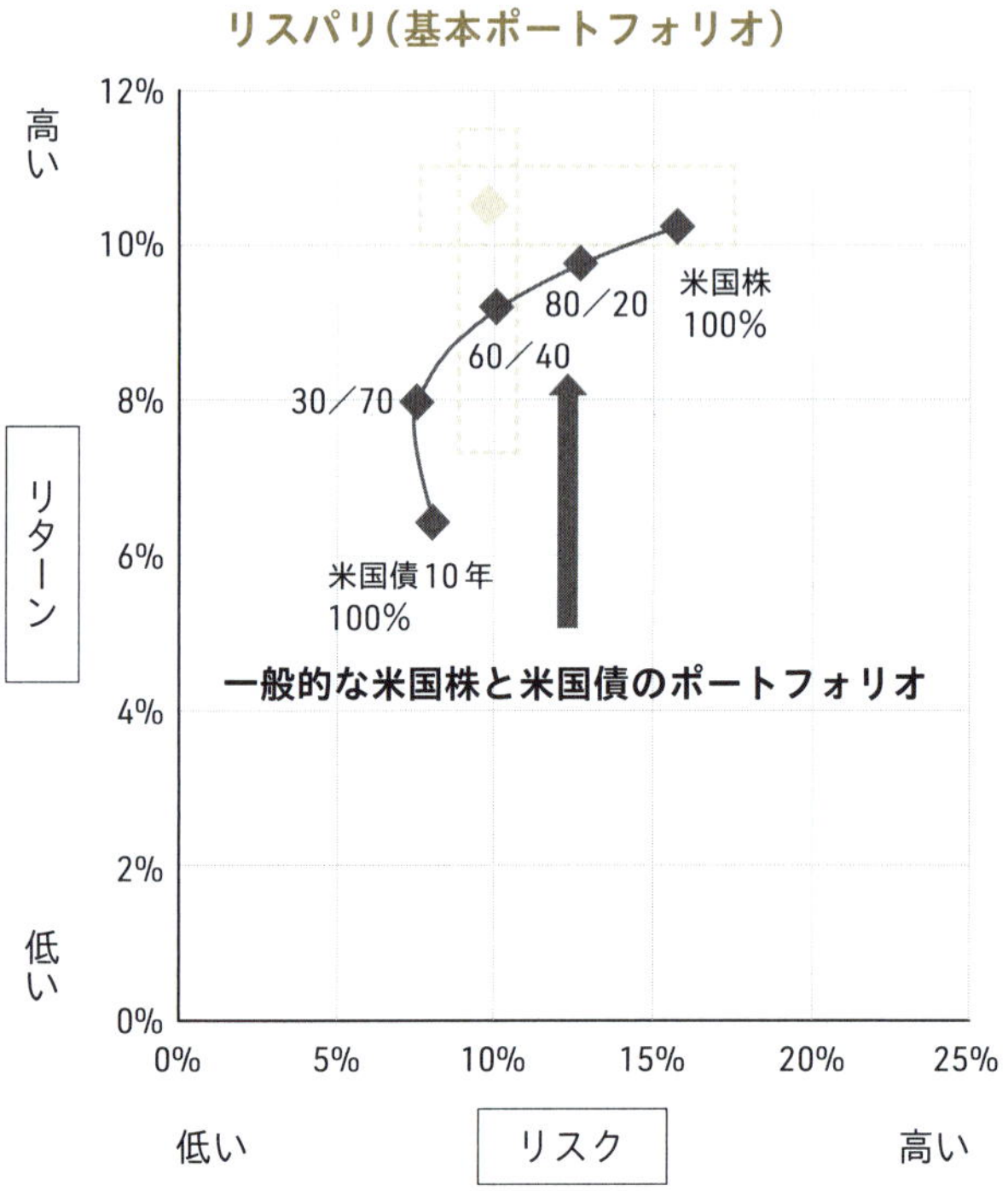

1972〜2022年の集計データ
出所：TradingView、Portfolio Visualizer

過去50年間にわたる長期のバックテスト（過去データでの検証）を見てください（図2－3参照）。

リスパリのリスクとリターンを茶色の点で示し、比較対象として一般的な米国株と米国債10年のポートフォリオを曲線（グレー）で加えました。

グレーの曲線を見ると、リスクが低いと米国債の割合が多くなります。一方でリスクが高いと、米国株の割合が多くなります。こうした一般的なデータにより、「分散するとリスクは下がるけれど、リターンも下がってしまう」という固定観念が生まれているのだと考えられます。

一方、**リスパリのデータは、中程度のリスク（米国株：60％、米国債10年：40％のポートフォリオと同じレベル）でありながら、米国株100％のポートフォリオと同等の高いリターンを達成しています。**リスパリは米国株よりも低リスクで同等の高リターンを得られる優れた投資戦略なのです。

レイ・ダリオの投資戦略とそのコンセプトがベース

リスパリに半信半疑だった読者も、前項の内容で興味を持っていただいたのではないでしょうか。

そもそもリスパリは、私がゼロから考えたわけではありません。「はじめに」でご紹介した通り、**コンセプトはレイ・ダリオが今後何百年も世代を超えて、手間をかけずに資産を守り抜くために開発したものです**。

１９９０年代半ば、レイ・ダリオは、あらゆる資産クラスが価値の大半を失う可能性があること、さらには現金でさえインフレと税金の影響で目減りするという現実を目の当たりにしました。景気予測の難しさを実感した結果、どんな経済環境でも安定したパフォーマンスを発揮できるポートフォリオを構築する必要があると考えました。

その結果、1996年に誕生したのが「オール・ウェザー戦略」です。

日本語で「すべての天候」を意味する通り、オール・ウェザー戦略とはどんな経済状況下でも安定したリターンを上げる投資戦略のことです。

レイ・ダリオの投資哲学は従来の常識を疑い、根源的なレベルから独自の結論を導き出すのが特徴です。それを具現化したのが「オール・ウェザー戦略」であり、彼のエッセンスが詰まった戦略と言えます。

▼多くの運用会社が独自のリスクパリティ戦略を考案

当初、オール・ウェザー戦略は商品化されず、投資していたのはレイ・ダリオただ一人でした。しかし、2003年に経済環境の変動に強い投資法を探していた米通信大手ベライゾンの年金基金から注目され、初めて外部に導入されます。他の企業も次々に採用するようになり、10年後には運用資産は約８００億ドルに達しました。

いまでは一般的に「リスクパリティ戦略」として広く知られており、多くの運用会社が独自の方法を開発しています。61ページの図２－１は、オール・ウェザー戦略で採用されている物価連動国債、社債、新興国債券などを含まない簡略化した資産構成ではありますが、ベースとなるコンセプトには極力近づけました。

物価連動国債、社債、新興国債券などは、優れた分散ツールとなる可能性がありますが、パズルの一部にすぎません。目標は、さまざまな経済状況に耐えうるバランスの取れたポートフォリオを作成することです。これがリスパリの本質であり、後ほどこの意味がご理解いただけると思います。

「4つの箱」のバランス戦略大転換する経済環境に負けない

なぜリスパリは、安定したパフォーマンスを実現できるのでしょうか。

その答えを理解する鍵は、図2-4にあります。こちらは1920年代～2010年代までの各資産クラス（株式、債券、金、コモディティ）の実質（インフレ調整後）リターンを示しています。

どの年代も勝ち続けている資産はなく、各年代で「勝ち組」と「負け組」の資産が絶えず入れ替わっていることが確認できます。

それに加えて、ある年代で最も優れたパフォーマンスだった資産が、次の年代では最悪

図2-4

各資産クラスの実質リターン

	1920s	1930s	1940s	1950s	1960s	1970s	1980s	1990s	2000s	2010s
株式	18%	0%	4%	16%	5%	-2%	11%	14%	-2%	11%
債券	16%	39%	24%	-9%	-6%	-4%	7%	7%	7%	7%
金	1%	8%	-4%	-3%	-2%	21%	-7%	-6%	12%	0%
コモディティ	-3%	0%	3%	-2%	-1%	7%	-6%	-1%	9%	-2%

債券は、株式と同等のボラティリティに合わせてスケーリング

出所：bridgewater「Paradigm Shifts」

の資産になることがあります（例：1990年代→2000年代の株式）。逆に、不調だった資産が、次の年代で最も好成績になることもあります（例：1990年代→2000年代の金）。

このことから、**過去10年に成績が良かった資産に飛びつく投資法がいかにハイリスクかがわかります**。特に、最近の成績だけを見て「これが一番良い投資先だ」と群衆心理に巻き込まれて判断してしまうと、その後の流れが変わり、大きな損をしてしまうこともあるのです。

レイ・ダリオは、上記のような約10年ごとのマーケットの大きな変化を「パラダイ

ムシフト」と呼んでいます。

特定の経済環境が長く続くと、多くの投資家はあたかも永遠に続くかのように錯覚しがちですが、いずれ新しい真逆の経済環境が訪れます。ある年代で勝ち組だった資産が、次の年代では逆に負け組になるような「経済環境の大転換」が起きるのです。事実、過去100年間の米国市場では、次のようなパラダイムシフトが繰り返されてきました。

▼過去100年間のパラダイムシフト

1920年代

米国経済は空前の大繁栄を遂げるが、1929年にバブルが崩壊。世界的な大恐慌が幕を開ける。

1930年代

大恐慌の影響が深刻に。富の格差が拡大し、ポピュリズムの台頭が国際秩序を揺るがす。

世界は戦争に向かっていく。

1940年代

第二次世界大戦と戦後。米国は圧倒的な大国になり、米ドルが世界最強の基軸通貨となる。

1950年代

戦後復興で、力強く安定した成長が続く。

1960年代

前半は安定成長するも、後半にはベトナム戦争などによる国際収支の悪化がインフレ圧力を加速させる。

1970年代

スタグフレーション（低成長・高インフレ）に突入。石油危機が経済混乱を引き起こす。

投資家は金やコモディティを選好し、株式・債券は低迷。

1980年代
厳しい高金利政策でインフレ退治に成功し、経済は回復。株式市場と債券市場が再び活況を呈する。

1990年代
ITバブルでテクノロジー株への熱狂が高まるが、2000年に崩壊。

2000年代
リーマン・ショックが発生。世界的な金融危機が雪崩を打ったように広がる。

2010年代
FRBによる莫大な資金投入が成功して、回復期に入る。

このように、過去100年間で劇的な経済環境の変化が起きてきました。真逆の経済変化は、突然始まるのです。

▼さまざまな経済環境に適応できるポートフォリオの構築

だからこそ、最も重要なのは次のことです。

未来がどうなるかわからないことを認め、分散投資を活用してさまざまな経済環境に適応できるポートフォリオを構築すること。

仮に経済が厳しい方向へと転じたとしても、バランスよく資産を組み合わせていれば、ポートフォリオの損失は最小限に抑えられます。

しかも、投資で考慮すべき経済環境はたったの4つだけ。市場の予想よりも「高成長」「低成長」「高インフレ」「低インフレ」です。

図2-5

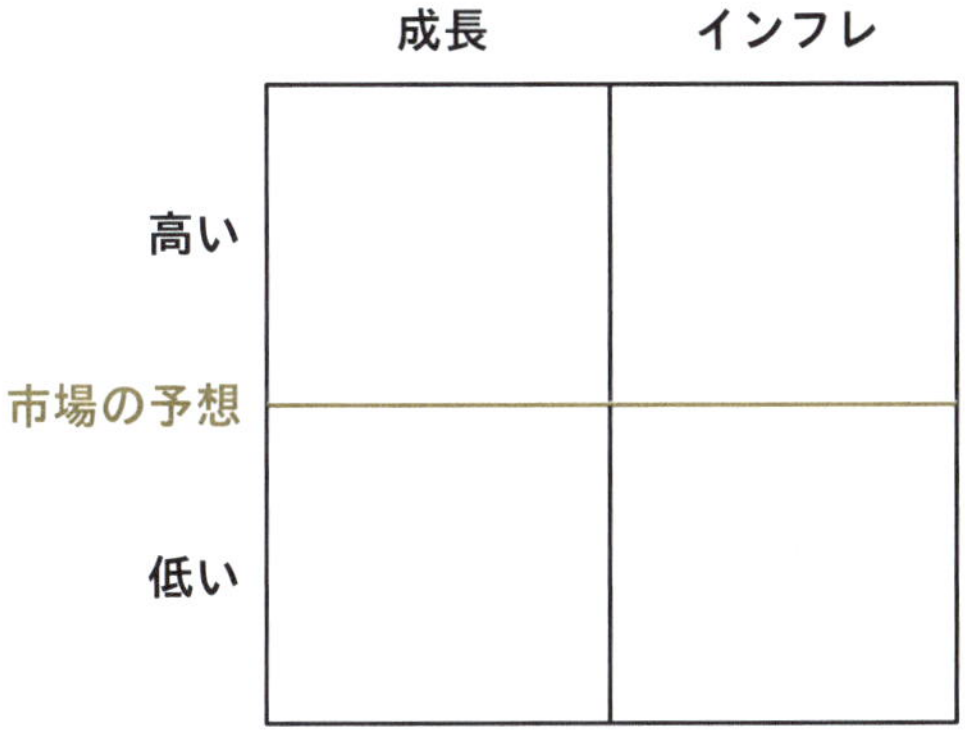

出所：bridgewater

ブリッジウォーターでは、資産価格の変動要因となる経済環境を4つの「箱」にまとめています（図2－5参照）。この4つの環境に適応できるようにポートフォリオを組むことで、予期せぬ成長とインフレの変動の影響を中和し、どんな経済状況でも安定したリターンを目指すことができます。

▼「謙虚さ」と「バランス」はリスパリの核心

重要なことなので繰り返しますが、未来は不確実であることを受け入れましょう。

投資の世界には未知のことが多く、市場に

はあなたを驚かせる習性があります。次に何が起こるかを予測するのではなく、あらゆる可能性に備えるのです。

図2－4の通り、どの資産クラスがいつ上昇し、いつ下落するか、そのタイミングや程度を正確に知ることはできません。だからこそ、自分の限界を認識し、多様な資産に投資を分散させる「謙虚さ」がリスパリの核心となるのです。

これは、さまざまな天候に耐えられる頑丈な家を建てることに似ています。雨や日差しだけでなく、台風や猛暑、大雪にも強い家を建てたいと思うでしょう。同様に、この戦略は特定の経済環境で壊滅的な損失を出さないように、投資をバランスよく分散させ、4つの経済環境に適応できるポートフォリオを目指しています。

言い換えれば、「バランス」こそが全てです。**成長率やインフレ率が上下しても、ポートフォリオが安定し回復力を保つように、4つの箱でバランスを取るのです。**

このようにバランスの取れたポートフォリオは群衆心理に流されて、大きな損失を被るリスクを避けるのにも役立ちます。大多数の投資家が株価上昇を信じて疑わないとき、予期せぬ新しいパラダイムへと移行するものです。

特定の資産や市場予測に依存せず、どんな経済環境にも適応できる回復力に優れたポートフォリオを構築することで、パラダイムシフトに不意を突かれるリスクを減らすことができます。それはまるで空気が入った風船（適応力と回復力に優れたポートフォリオ）のようなもので、一部を押し込めば（＝資産Aが下落）他の部分が膨らむ（＝資産Bが上昇）のです。

▼資産の「チームワーク」が生む安定性

ポイントとなるのは、資産の「チームワーク」です。「米国株」「米国債」「金」「コモディティ」、どの資産が最高のリターンを生み出すのかを単純に考えるのではありません。4つの資産のそれぞれにはインフレに弱い、不況に弱いといった弱点があります。そのため、これらの資産をうまく組み合わせて、互いの弱点を補い合うことが重要です。

「チームワーク」が強く働くポートフォリオでは、ある資産の価値が下がると別の資産の価値が上昇します。個人投資家の多くは10倍株探しに夢中になりがちで、投資商品のチームプレーには目もくれませんが、こうしたポートフォリオは4つ全ての経済環境で強さを発揮します。その結果として得られるのが低リスクで素晴らしいリターンなのです。

〜ポートフォリオの作り方①〜
4つの経済環境で資産を選択する

では、どんな経済環境にも耐えられるチームワークを重視したポートフォリオを作るにはどうしたらいいのでしょうか。

するべきことはたったの2ステップです。


最初のステップは、資産クラスの選択です。

ここまででおわかりいただけるように、すべての資産クラスには「とても良い時期」もあれば、「とても悪い時期」もあります。そのため、経済環境によって最良の資産クラスは変わります。

高成長に最適な資産クラスと、低成長に最適な資産クラスは異なります。同様に、高インフレに最適な資産クラスと、低インフレに最適な資産クラスも異なります。

ですから、**まずはポートフォリオに各資産クラスの強みを取り込むために、経済環境ごとに優れたパフォーマンスを発揮する資産を2つずつ均等に見つけます**。すなわち高成長、低成長、高インフレ、低インフレの4つの経済環境で、それぞれ2つずつ優れたパフォーマンスを発揮する資産を選ぶのです。

▼米国株、米国債、金、コモディティが力を発揮する局面

実際に、各資産クラスが最もパフォーマンスを発揮する経済環境とその要因を整理しました（図2－6参照）。

ここでは、米国株、米国債、金、コモディティの特性を深掘りして理解する必要はありません。それぞれの役割を簡単に把握しておくだけでOKです。

例えば、自分がサッカーの監督になったと考えてみてください。各資産はサッカー選手で、それぞれ次のような特徴があります。

資産Ａ（　米国株　）：「高成長」「低インフレ」で力を発揮
資産Ｂ（　米国債　）：「低成長」「低インフレ」で力を発揮
資産Ｃ（　　金　　）：「低成長」「高インフレ」で力を発揮
資産Ｄ（コモディティ）：「高成長」「高インフレ」で力を発揮

現時点ではこの程度の理解で十分です。

リスパリではこのようにして米国株、金、米国債、コモディティを組み入れて、４つの経済環境を均等にカバーします。

成長やインフレの動向は予測が難しく、「上昇するか」「低下するか」は誰にもわかりません。このような不確実性に対処するためには、偏りのないニュートラルなバランスが大切です。それが、予期せぬ成長やインフレの変化による影響を中和する効果をもたらしま

図2-6

各資産クラスが上昇する経済環境と要因

米国株	高成長	消費者の購買力増加による企業収益の増加
	低インフレ	経営コスト減少による企業収益の増加
米国債	低成長	景気刺激策による金利引き下げ
	低インフレ	デフレ防止による金利引き下げ
金	低成長	量的緩和ヘッジ、安全資産、リスク回避
	高インフレ	通貨価値の下落に対する購買力維持
コモディティ	高成長	コモディティ需要の上昇
	高インフレ	インフレ指標の構成要素

図2-7

市場の予想	成長	インフレ
高い	米国株 コモディティ	金 コモディティ
低い	米国債20年超 金	米国株 米国債20年超

出所：bridgewater、Evoke Advisors、筆者一部編集

す。

各資産は得意とする経済環境が異なるため、4つ全てが同時に損失を出すことは稀です。

全ての経済環境で、それぞれ上昇する資産をバランスよく組み合わせた組織的なチーム編成がリスクを減らす鍵となります。

～ポートフォリオの作り方②～

各資産クラスのリスクバランスを均等に

ステップ②では、特定の資産や経済環境にリスクの偏りがないように配分を決めます。

チームワークが強く機能するポートフォリオを作るには、各資産が同じくらい活躍できるように、配分を調整することが重要です。

そのためには、資産クラス間や経済環境間のリスクバランスを均等（パリティ）にすることが不可欠です。これがリスクパリティ戦略「リスパリ」の由来です。

ここでバスケットボール漫画『ＳＬＡＭ ＤＵＮＫ』の安西先生の名言を思い出しましょう。

「お前のためにチームがあるんじゃねぇ。チームのためにお前がいるんだ!!」

興味深いことに、この名言はリスパリのコンセプトを理解するのに最適です。すなわち、ひとつの資産に頼るのではなく、各資産が互いに補完し合い、全体の安定性を高めることが重要だということです。

例えば、高成長・低インフレ環境で活躍する米国株に多くの資金を配分すると、その環境では高いリターンが期待できますが、低成長や高インフレ時には大きな損失を出す可能性があります。同様に、低成長・高インフレ環境で上昇する資産に多くの資金を配分すると、その環境では利益が出ますが、他の経済環境では運用成績が大きく落ち込みます。

ポートフォリオのパフォーマンスが特定の資産に支配されてしまうと、真の意味での分散は達成されません。したがって、**個々のスター資産に頼るのではなく、異なる強みを持つ資産が等しく力を発揮して協力し合うことで、あらゆる経済環境において安定したパフォーマンスを目指すのです。**

▼低リスク資産に多くの資金を配分

では、個々の資産がどのくらいのリスクを持っているのか具体的に見ていきましょう。図2－8を見てください。1が最もリスクが低く、5が最もリスクが高い資産となります。リスクを比較すると、米国株（リスク：4）と米国債20年超（リスク：3）は、金（リスク：5）やコモディティ（リスク：5）よりリスクが低いことがわかります。具体的には、金やコモディティのリスクは米国株より25％高く、米国債20年超より67％高いです。

もし全ての資産を「1：1：1：1」の割合で保有すると、値動きの大きい金やコモディティがポートフォリオ全体の価格を動かしすぎてしまい、他の資産の役割が小さくなってしまいます。

低リスク資産は値動きが小さく、高リスク資産は値動きが大きいため、各資産を同じ割合で保有することは適切ではありません。高リスク資産が大きく下落した場合、低リスク資産の小さな上昇では、その下落をカバーできず、特定の経済環境で大きな損失が発生し

図2-8

各資産クラスのリスクを5段階でスコアリングする		
	リスク （5段階）	ボラティリティ （1972-2022） ※米国債20年超は 1978-2022年
米国株	4 ★★★★	15.8%
米国債20年超	3 ★★★	11.4%
金	5 ★★★★★	19.8%
コモディティ	5 ★★★★★	21.1%

出所：TradingView、Portfolio Visualizer

図2-9

資産クラス	リスク	調整前の配分	リスク調整後の配分	ポートフォリオ
米国株	4	1	1.25	26%
米国債20年超	3	1	1.67	34%
金	5	1	1	20%
コモディティ	5	1	1	20%

てしまうからです。どんな経済環境にも適応できる回復力に優れたポートフォリオを作るには、低リスク資産に多くの資金を、高リスク資産に少ない資金を配分する必要があります。

そこで、相対的にリスクが低い米国株と米国債20年超の配分を増やし、リスクが高い金とコモディティの配分を減らすことで、ポートフォリオ全体のリスクバランスを改善します。

米国株の配分を1・25倍に、米国債20年超の配分を1・67倍に調整して「米国株1・25：米国債20年超1・67：金1：コモディティ1」とすることで、元の「1：1：1：1」の配分からリスクバランスの改善を図ることができます。

図2－9はリスクバランスを改善した配分を100％の割合で示したものです。

これで基本ポートフォリオの完成です。

上記の割合で分散投資することで、特定の資産クラスへのリスクの偏りを避け、どんな経済環境でも利益が出る投資戦略を実現できます（実際には、資産クラス間だけではなく、経済環境内、経済環境間のリスクバランスも均等になるように高度に設計されています）。

ポートフォリオの配分は変更するとどうなるのか？

全ての経済環境間でリスクのバランスを取り、その変化に無関心でいられる全天候型のポートフォリオが完成しました。

強調したいのが、資産配分を固定し続けることの重要性です。

自身の直感に基づいて投資判断を下すような行き当たりばったりの資産運用は危険です。直感に基づいた判断はその日の気分によって大きく変わることがあります。例えば、その日にネットやテレビで観たニュースが投資判断に影響を与え、結果として間違った選択をしてしまうこともあるでしょう。

一方で資産配分を固定し続ける運用方法は、感情が介入するリスクを避け、安定したリターンを追求するのに有効です。

▼リスクバランスが何よりも重要

皆さんのなかには次のような疑問を思い浮かべる方もいらっしゃるかもしれません。

「**ポートフォリオの配分は変えてもいいのか**」

私の答えは否定的です。

なぜなら配分を変更することによって、特定の経済環境にリスクバランスが偏る可能性があるためです。

例えば、4本脚のテーブルを考えてみましょう。4本の脚は「高成長」「低成長」「高インフレ」「低インフレ」を表しています。脚の長さが同じであれば、テーブルは安定しますが、もし1本の脚が他の脚より短かったり長かったりすると、ぐらついて傾きます。

同様に、経済環境間のリスクバランスが崩れると、経済環境の変動に対する脆弱性が高まり、結果として損失を招くリスクが増大します。

安定したリターンは全ての経済環境間のリスクバランスが取れたときに得られるボーナスです。そのため、**原則として資産配分の変更はせずに、経済環境間のリスクバランスが均等に保たれるようにすべきなのです。**

正しい分散投資でボラティリティを半分に減らす

ここまででリスパリの魅力について、十分にご理解いただけたことでしょう。しかし、それでもなお、株式のみで投資を進めたいと考える方もいるのではないでしょうか。皆さんの投資の常識が根底から覆る話をしているため、新しい投資手法に対して慎重な姿勢をとる方も多いかもしれません。

そこで株式投資のリスクの大きさについて、第1章とは異なるアプローチで解説しましょう。

多くの資産に投資することで、リスク（ボラティリティ）が減少することは、直感的に理解しやすいでしょう。ただし、ボラティリティの減少の度合いは、その資産の相関によって異なります。似たような値動きをする資産を組み合わせても、ボラティリティはあまり減りません。しかし、**異なる値動きをする資産（同じタイミングで上昇・下落しない資産）を組み合わせると、ボラティリティは劇的に減少します。**

▼相関の低い資産を組み合わせる

図2－10は本書で最も重要なチャートのひとつです。

ボラティリティ（チャートの縦軸）が10％、リターンが10％の投資対象を保有しているとします。

ここに、相関の異なる投資対象を追加（チャートの横軸）していくと、相関0・6ならボラティリティはどの程度減少するのか。0・4ならどうか、0ならどうかがわかります。

相関は、1に近いほど強く連動し、0に近いほど異なるタイミングで上下に独立して動き

図2-10

相関の異なる資産を増やすとポートフォリオのボラティリティはどのくらい減るか？

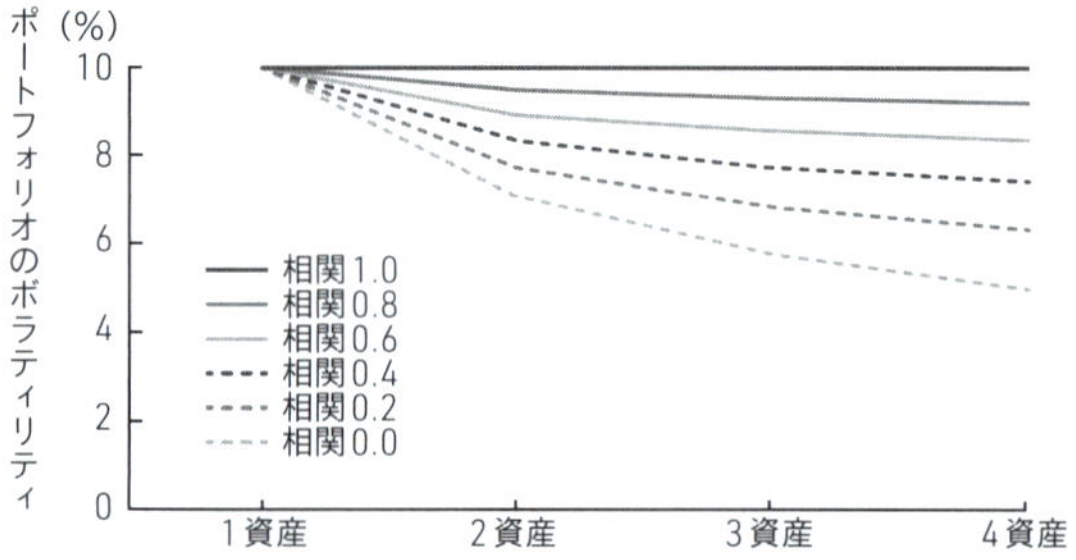

注：単純化のため、ボラティリティと相関が全資産で等しいと仮定している。

出所：アンティ・イルマネン『期待リターンII』（金融財政事情研究会）

ます。

例えば、**国際分散投資は図の上の線に該当します**。このような高いボラティリティは、市場の下落時に大きな損失を引き起こす可能性があります。多くの人は同じように動く（つまり、相関している）資産ばかりを保有しているため、分散投資の力を十分に活用できていません。

一方で、**リスパリが目指すのは、相関の低い4資産を組み合わせた図の下の線です**。すべての資産が同時に同じ方向に動かないため、損失が同時に発生する可能性を低減し、ボラティリティを半分に減らせることを示しています。

ここで強調したいのは、各資産のリターンが同じであれば、リターンはそのままにボラティリティだけを半分に減らせるという点です。

株式投資だけに集中することがいかにハイリスクか、そして正しく分散投資することで、リスクを減らしながらもリターンを確保できるかがわかるはずです。

COLUMN▶▶ 不動産はインフレ対策になるのか

現在、インフレ対策として人気が高まっているのは不動産です。そのなかでも、最も手軽に不動産への投資ができるのはＲＥＩＴ（不動産投資信託）でしょう。ＲＥＩＴは、投資家から集めた資金で不動産を購入し、賃料や不動産の売却益を投資家に分配する金融商品です。オフィスビル、マンション、物流施設、商業施設、ホテルなど、さまざまな種類があります。

しかし、インフレと不動産価格の関係は複雑です。インフレ率が上昇すると、中央銀行は金利を引き上げ、物価上昇を抑制しようとします。ＲＥＩＴはレバレッジがかかっているため、金利が上昇すると、借入コストが増え、ＲＥＩＴ価格に下落圧力がかかります。一方、インフレ率が低下すると、中央銀行は金利を引き下げ、ＲＥＩＴ価格の上昇につながる傾向があります。

また、賃貸契約の条件によっても、インフレ耐性は変わります。長期の賃貸借契約で、賃料が固定されている場合、インフレが進んでも賃料は変動しないため、不動産の実質的な収益は低下します。不動産価格がインフレに連動して上昇するとは限らないのです。

さらに、不動産の建物部分は時間の経過とともに劣化し、修繕には費用がかかります。インフレが進んだからといって、不動産（特に建物）の価値が必ずしもインフレ率に追随するわけではありません。

不動産はさまざまな状況を考慮する必要があります。そのため、シンプルさを重視するリスパリでは、不動産をポートフォリオに含めていません。不動産をインフレ対策としてポートフォリオに含めたい場合は、こうした点に注意して投資対象を選定してください。

COLUMN▼▼ リスクは正確な数字よりも「おおよそ」が役立つ

先ほどリスクを5段階でスコアリングしました。米国株のリスクは4、米国債20年超は3とし、金とコモディティはそれよりも高い5としました。

では、なぜ過去のデータや予測値を用いずに、スコアリングを採用したのでしょうか。その理由は、過去のボラティリティのデータが未来のボラティリティを正確に予測するものではないからです。

投資では「過去のデータからは未来を正確に予測できない」という前提に立つことが重要です。言い換えれば、過去のデータは参考にはなりますが、それがそのまま未来に適用できるとは限りません。

特に、市場には予測が難しい「異常値」や、過去のデータから外れた出来事が頻繁に発生することがあります。そのため、あまりに精密な予測や過去のボラティリティに依存することは危険です。

これは、天気予報に例えるとわかりやすいでしょう。過去の天気のデータを参考にして「毎年この時期は晴れが多いから、来週も晴れるだろう」と推測することはできますが、予想外のゲリラ豪雨や台風が発生することもあります。

投資も同じで、市場が安定している時期もあれば、突然の大きな変動が起こることもあります。だからこそ、過去の数値よりも、資産クラスの「おおよその」相対的なボラティリティを把握することが長期的に有用です。こうしたアプローチは、時代を超えた投資戦略を構築する際に重要であり、変動する経済環境のなかでもリスクを効果的に管理できる手段となります。

第3章

バックテストで読み解くリスパリの真価

本当に儲かるの!? 過去データでリスパリの実績を検証してみる！

エミ：「リスパリの話、すっごく面白かったです！　リスクを抑えながら、リターンを上げられるなんて、そんな都合のいい話がある？　なんて考えてたけど、ちょっと魔法みたいです。完璧すぎて逆に怪しいくらい……（笑）」

堂瀬：「まぁまぁ、怪しいなんてことはないよ。リスパリの良い点は、経済がどう動こうと、ど

れかの資産がうまくカバーしてくれること。分散が行き届いているから、何が起こっても問題ないんだ」

エミ：「分散投資って、もっと難しいものかと思っていました。ニュースで出てくる投資の話って、素人にはわかりにくいですもんね」

堂瀬：「実は、そこがリスパリの強みなんだ。投資ってつい複雑に考えすぎて、あれこれ気にしてしまう。でも、一番大事なのは『どの経済環境にもリスクが偏らないように分散する』こと。それさえ押さえておけば、あとはシンプルに進めばいい」

エミ：「これって……バランスが大事ってことですか？」

堂瀬：「その通り。例えば、経済が好調なときに強い資産と、不調なときに強い資産を組み合わせてバランスを取る。経済環境は予測できないから、ひとつの資産に頼るのは危険だよ。歴史を振り返ると、どんな資産でもある時期には必ず厳しい状況に直面している」

エミ：「なんだか投資の本質がわかってきた気がします。でも……これって本当にうまく機能するんですか？　理論はわかるけど、実際どうなのかが気になります」

堂瀬：「それこそが次のステップだ。リスパリのバックテストを見れば、この戦略がどれだけ信頼できるものかがわかる。過去のデータを使ってリスパリのパフォーマンスを検証していこう」

エミ：「バックテスト？　なんだかプロっぽい響きです。どんな結果が出てくるのかワクワクしてきました！」

本書で扱うバックテストでは、1972〜2022年までの月次リターンをカバーしています。1972年以降のデータを採用した理由は、4つの資産クラスの長期データが入手可能だったからです（ただし、米国債20年超と一部のコモディティ銘柄は除く。米国債20年超は、1972〜1977年の期間は米国債10年のデータを使用。コモディティは、第2章で推奨した5銘柄の合成コモディティカスタム指数を使用。第2章の図2-4とは異なるデータを使用）。

50年以上の長期にわたる歴史を捉えているため、分析は網羅的です。1970年代のスタグフレーション、1980〜1990年代の成長上昇・インフレ低下の時期、2000年代のITバブル崩壊やリーマン・ショック、2010年代の回復期をカバーしています。長期データを使用することは、リスパリを全ての経済環境でテストできるという意味で重要です。逆に、一般的な5〜20年程度のバックテストでは、断片的な経済環境のテストしかできないことになるでしょう。

バックテストのポイントは、過去のリスパリのパフォーマンスがどうであったかを正確に示すことではありません。この仮想的なバックテストには多くの限界が存在します。時間を巻き戻して過去を完全に再現し、ポートフォリオを正確に復元することは不可能です。

実際のトレーディング環境では、信託報酬、取引手数料、譲渡益・配当課税等のコストが発生しますが、このバックテストでは考慮していません。レバレッジに関しては金利コストを考慮していますが、月次データを基に算出しているため、日次データとは乖離が生じます。配当金については、再投資を前提としています。リバランスは年1回実施しています。こうした制約を持つ「シンプル&バーチャル・バックテスト」でありながらも、長期的なトレンドを分析する上では有用だと考えます。

リスパリのパフォーマンスをバックテストで理解することが重要

私は多くの方が他の章を読み飛ばし、本章から読み始めるのではないかと予想しています。

投資は数値で評価される世界です。本書の提案するリスパリのパフォーマンスがどの程度であるかが、最も関心を引くポイントでしょう。

先にお伝えしておくと、**リスパリのバックテストの結果は株式投資のように、上げ下げが激しいものではありません**。低成長・高インフレの経済環境でも、高成長・低インフレとリターンは同程度で、損失が出たとしてもマイナス幅は小さいです。

もっとも、しっかりとお読みいただいた皆さんには、リスパリの結果はすでに見えているのではないかと思います。そのため、「結果」は「おまけ」のようなものですが、数値で具体的な結果を確認することはとても重要です。**結果を確認することは、リスパリを継続する信念を強くすることにつながるからです。**

前章までの理論をしっかりと把握し、実際のパフォーマンスと照らし合わせることで、リスパリへの理解をより深めましょう。

▼バックテストの有用性について

ところで、疑念を抱かれる方もいるかもしれません。「バックテストでリターンの高かった資産配分を、後から都合よく選んでいるだけではないか?」という「カンニング疑惑」です。

確かに、過去データに基づくシミュレーションでは、リターンの高い資産配分が魅力的に見えます。最新の最適化ツールを用いれば、リスパリを上回るリターンを期待できる資産配分をいくつも見つけることは可能でしょう。しかし、こうした手法の多くは、変数や前提が崩れた場合に、多くの資産を失う危険性も孕んでおり、持続的に市場で利益を出し続けるのは困難です。

一方で、リスパリは、普遍的な経済の仕組みを利用することで、この問題を回避しています。高インフレや低成長、さらにその逆の状況にも対応できるよう、4つの主要な経済シナリオに対してリスクを分散させています。つまり、**リスパリは、単に過去のデータに合わせた資産配分ではなく、将来の不確実性に真正面から立ち向かうための信頼できるアプローチなのです。**

不安定なリターンに襲われる
～米国株に100％集中投資～

多くの投資家は、株式に集中投資します。

図3－1は、米国株に100％投資した場合のパフォーマンスを示しています。**一見右肩上がりで上昇しているように見えますが、経済環境別の実質リターン（図3－2）を見ると、経済環境によってパフォーマンスが大きく異なることがわかります。**

例えば、1980年代～1990年代の成長上昇・インフレ低下の時期や2010年代の回復期には高いリターンを示しましたが、1970年代のスタグフレーションや2000年代のITバブル崩壊、リーマン・ショック時のような厳しい経済環境ではリターンは不安定で、悲惨な結果となりました。

▼株式は高成長・低インフレに強いが……

そもそも株式とはどのようなものなのでしょうか。

株式を買って保有することは、その会社の出資者となってオーナーの一人になることです。例えば、アップルやマイクロソフトの株式を買えば、それらのオーナーの一人となります。

そのため、**株価は企業の業績に大きく左右されます**。企業の利益が市場予想を上回ると株価は上がり、予想を下回ると株価は下がります。

経済環境の4つの箱を改めて見てください（図3－2参照）。

株式が強いのは、高成長・低インフレの環境です。経済が成長すると、物やサービスの需要が増えて企業の利益も増加。その結果、株価も上昇する傾向にあります。

しかし、経済成長率が低下すると、物やサービスに対する需要が減少し、企業の利益も

図3-1

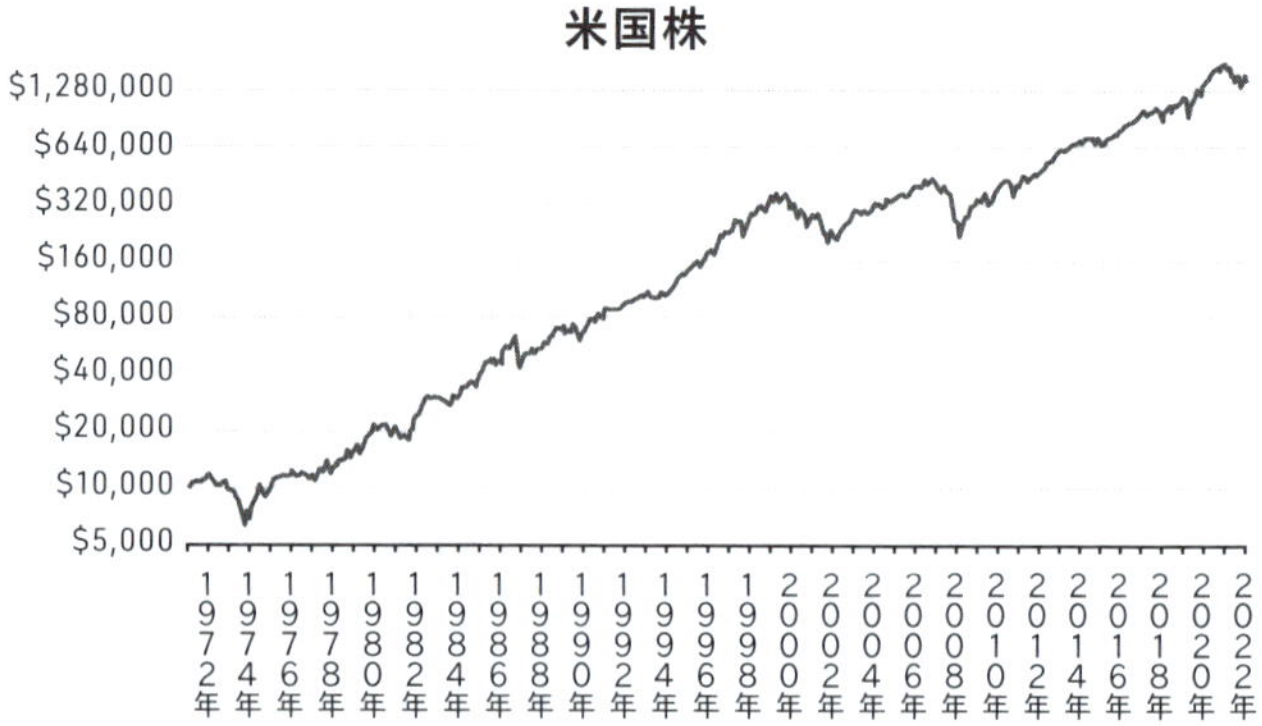

出所：Portfolio Visualizer

落ち込むため、株価も下落する傾向にあります。

一方でインフレ率が上がると、事業運営のコストが増加。企業の利益が減って、株価が下がる傾向にあります。

しかし、インフレ率が下がると、事業コストが減って利益が増えるため、株価が上がります。

インフレ期には「インフレに負けないように株を購入しよう」というテーマの記事が増加する傾向にありますが、上記の理由から**株式は必ずしもインフレに強いとは限りません**。特に、インフレ率が上昇すると、短期的には株式の実質リターンが低下する

図3-2

経済環境別の実質リターン

	1972-1980	1981-1999	2000-2009	2010-2019
経済環境	スタグフレーション	ディスインフレ成長	ITバブル崩壊・リーマンショック	回復期(金融緩和)
	成長↓インフレ↑	成長↑インフレ↓	成長↓インフレ↑	成長↑インフレ↓
	0%	12%	-3%	11%

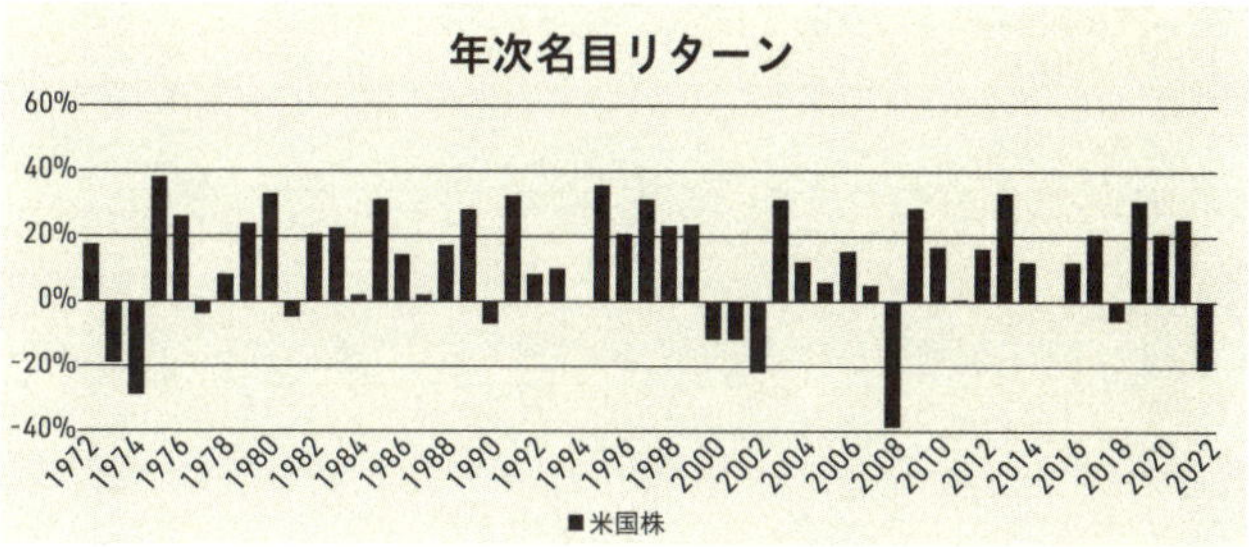

市場の予想	成長	インフレ
高い	米国株 コモディティ	金 コモディティ
低い	米国債20年超 金	米国株 米国債20年超

出所：Portfolio Visualizer
bridgewater、Evoke Advisors、筆者一部編集

ことがよくあります。しかし、長期的には、企業がインフレによるコスト増を価格転嫁することで、株価がインフレに伴って上昇する可能性があります。

リスクを減らしながら米国株と同等リターン
～米国株56％＋金44％～

次に米国株に加えて、金にも分散投資したバックテストです（図3－3参照）。経済環境ごとにリターンのばらつきはまだまだありますが、**米国株と金への分散投資だけで、4つの経済環境全てをカバーできるため、スタグフレーションが起きた1970年代もITバブル崩壊やリーマン・ショックがあった2000年代も資産は右肩上がりに成長しています。**

従来の投資の常識にとらわれている方にとって、直感的には信じられないかもしれませんが、米国株と金の分散投資でも、米国株100％とほぼ同等のリターンを実現しました。

図3-3

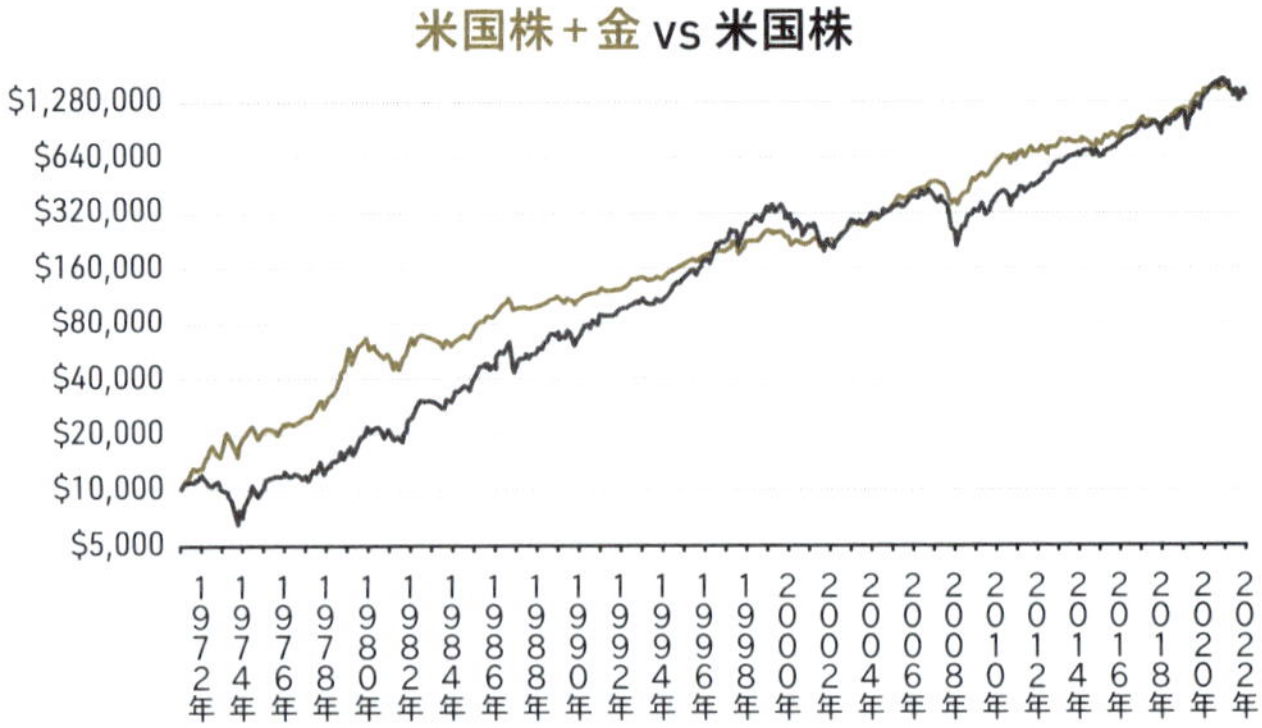

出所：Portfolio Visualizer

・分散によるリスク低減効果
・50％の損失を出したら、100％の利益を出さないと取り戻せない
・安く買って高く売るリバランスのボーナス（リバランスは第4章で解説）

これらの重要性を改めてご理解いただけたでしょう。

▼「金」が大きな損失を防ぐ

金は、株式とは正反対の経済環境で優れたリターンを生み出す貴重な資産クラスです。そのため、株式が大きく下落した局面でも、金の価格は上昇する可能性があります。

図3－4を見て下さい。左側のグラフは、リターンがプラス50％とマイナス50％で交互に変動する様子を示しています。利益と損失が交互に発生しても、一見均衡しているように見えます。

しかし、右側のグラフを見ていただければわかるように、このようなリターンの繰り返しでは、累積リターンは徐々に減少し、最終的にはほぼゼロに近づいていきます。金は、このような大きな損失の影響を軽減するための重要な資産クラスであり、特に株式市場が不安定な時期に、ポートフォリオの安定性を高める効果が期待できます。

39ページに掲載した重要な図1－5を見てください。20世紀前半には多くの国で富がほぼすべて消滅し、そのうえで投資家として考えるべきは、「将来、破壊的な経済環境がやってきても、資産を守り増やし続ける戦略を持っているか」だということをお伝えしました。

経済環境の4つの箱を見ると、米国株・米国債はインフレ率が低下したときに強いです

図3-4

年間リターンが＋50%と－50%を繰り返すと
累積リターン（資産額）は減少していく

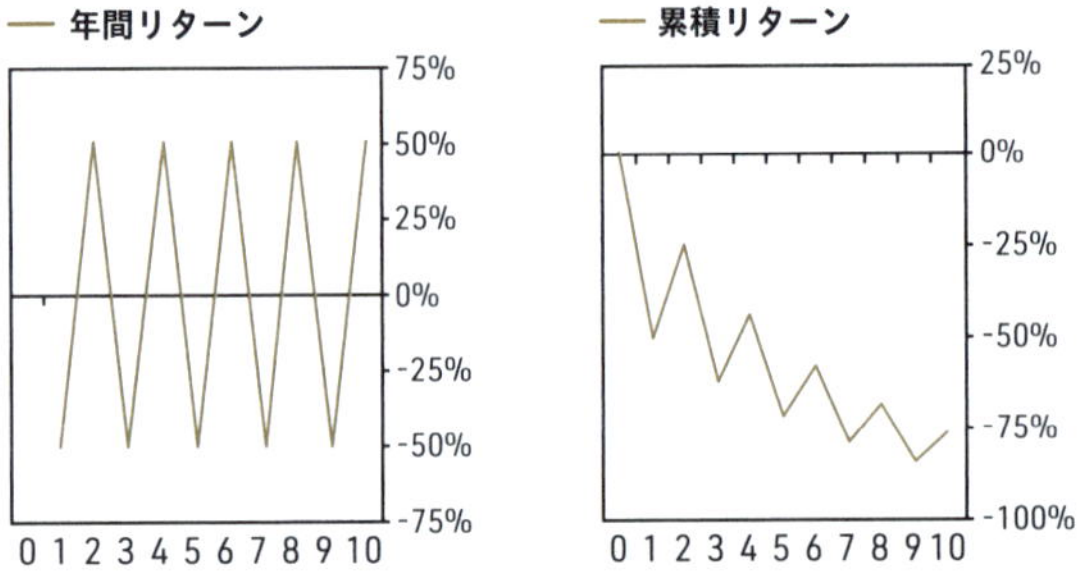

出所：Linkedin「Diversifying Well Is the Most Important Thing You Need to Do in Order to Invest Well」

が、逆に高インフレや通貨の価値が下落するときに強いのは金です。

図3－5はその関係を表しています。**株式60%、債券40%のポートフォリオ（どちらもインフレに弱い金融資産）が下落したときに、金（インフレに強く、時代を超えて購買力を維持する普遍的な通貨）の価格が上昇していることがわかります。**その結果、金をポートフォリオに加えると、図1－5の歴史上最悪のシナリオにも対応できることが確認できます。

図3-5

株式60%、債券40%のポートフォリオ下落時の金の収益率

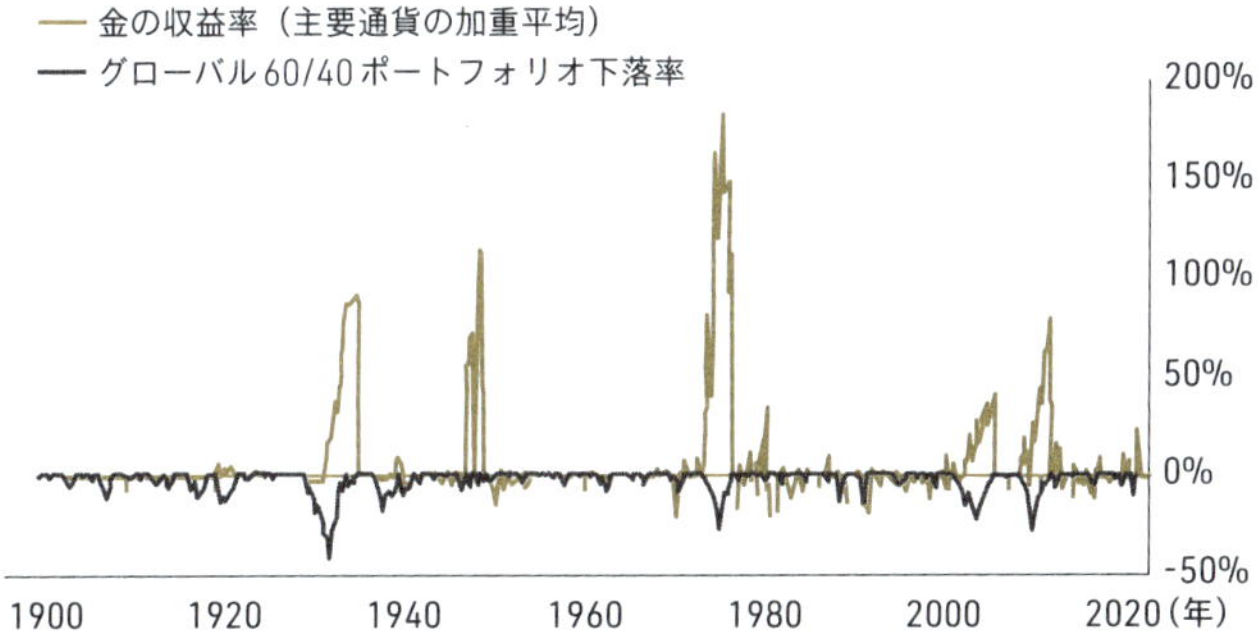

出所：レイ・ダリオ『世界秩序の変化に対処するための原則』（日経BP）

▼インフレ圧力に負けない「リアルマネー」の強み

そもそも通貨とは、国との「約束」に基づくものです。

例えば、1万円を持っていることは、その1万円でモノやサービスに交換できるという国の約束を信じていることになります。しかし、紙幣は中央銀行が簡単に印刷できるので、国との約束も絶対的ではありません。

政府の債務が過剰になると、この約束が破られたり、インフレで価値が下がったり

するリスクが生じます。

２０２４年末現在、財政状況が厳しい米国では、債務が急速に膨らみ続けています。そのため、ドルの急落リスクを心配される方もいらっしゃるかもしれません。確かに将来景気が悪化し、株価が大暴落するようなことがあれば、大量の紙幣が印刷され、米国の財政状態への懸念が広がる恐れがあります。価値が下がった米ドル紙幣で返済される大きなリスクがあるとき、米国債と米ドルは魅力を失います。

その結果、米国債を保有している人たちが銀行の取り付け騒ぎのように一斉に売却して逃げ出すことで、ドルが基軸通貨の地位を失うリスクも完全には否定できません。もしそのような事態になれば、簡単に印刷できない金の「リアルマネー」としての価値が再認識され、金の価格は暴騰するでしょう。

優れた通貨とは、優れた交換手段であると同時に、世界中で広く受け入れられている富の貯蔵手段でもあります。金は誰かによって発行されるものではないため、発行体が要因となるリスクはありません。「誰かの負債ではない」通貨です。**困難な時代を乗り越えて上昇してきた歴史があり、特にドルや円などの通貨の暴落リスクから分散するのに適して**

図3-6

中央銀行が近年、最速ペースで金を増やしている

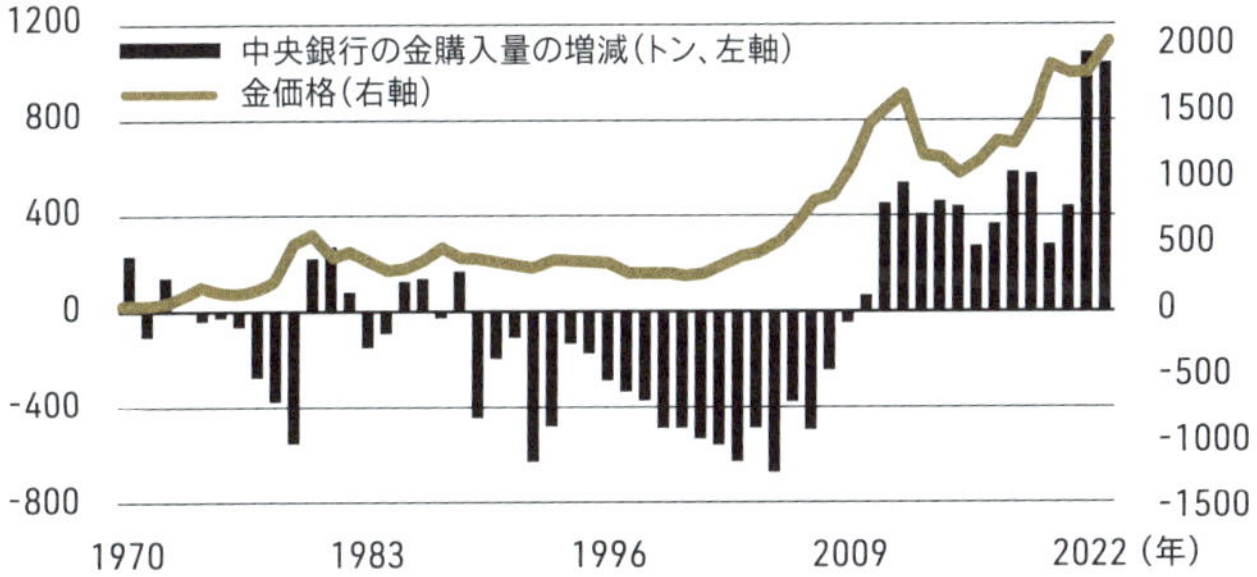

出所：BofA Global Research

います。

十分に分散されたポートフォリオとは、資産クラスの分散だけを意味するのではなく、通貨の分散も含まれます。

金はその要です。金は中央銀行が保有する外貨準備のなかで重要な役割を果たしており、**各国の中央銀行は急速に金の購入を増やしています（図3－6参照）**。多くの国は金融緩和に大きく依存しており、金融緩和なしでは経済の安定が難しい状況にあります。世界的な債務水準の高さや地政学的リスクを考慮すると、価値の落ちていく通貨よりも、長い年月の間、価値を維持してきた金の備蓄を増やしているのは当然だと言えます。

〜米国株32%＋金25%＋米国債20年超43%〜
実質リターンが5〜6%の範囲で安定

「謙虚さ」を忘れている投資家は、不況やデフレのときに上昇する米国債のような資産クラスを保有していません。それは不況やデフレがやって来ないと「過信」し、ギャンブルをしているのと同じです。もし不況やデフレになったときに、予期せぬ大きな損失を被る可能性が高いでしょう。

米国株と金に加えて米国債20年超の3資産に分散すると、より強靭なポートフォリオを構築できます（図3－7参照）。

図3-7

米国株＋金＋米国債20年超 vs 米国株

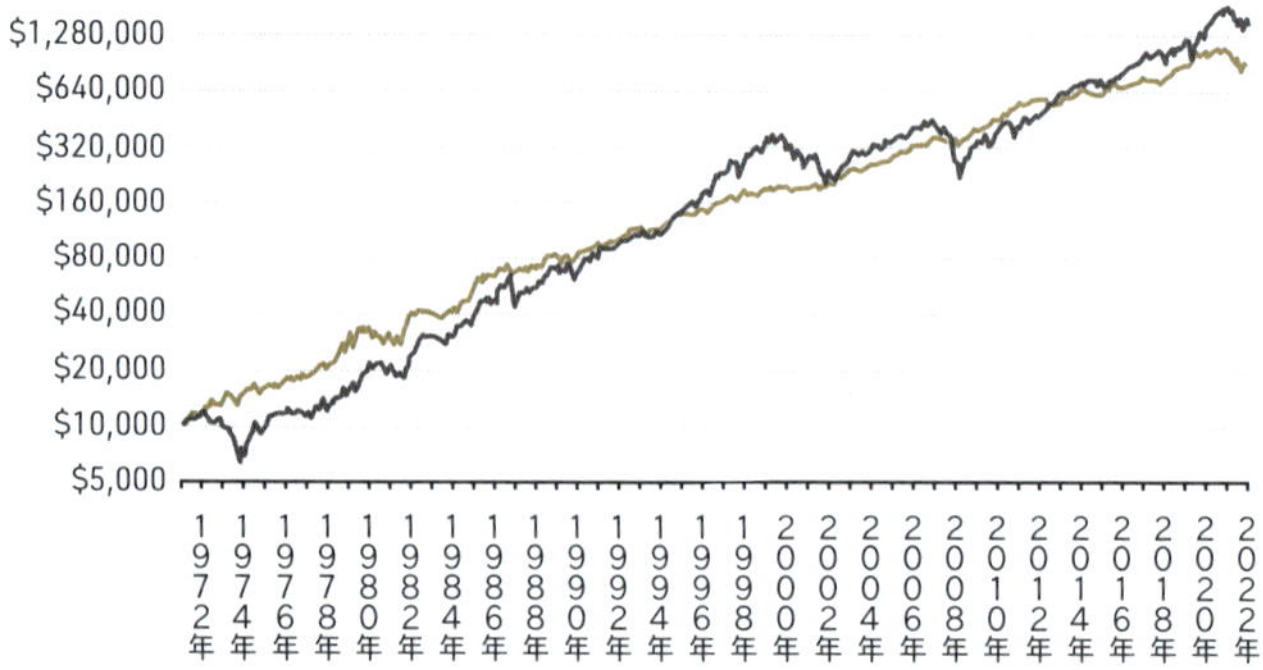

出所：Portfolio Visualizer

米国株や金よりもボラティリティが低い米国債20年超（リスクスコア3）を加えたので、リターンはさすがに少し低下しました。しかし、リスクは下がり、値動きの安定性が増しました。

特筆すべき点は、**全ての経済環境でポートフォリオの実質リターンが5～6％の範囲で安定していることです**。この一貫したリターンこそ分散投資の魅力です。

▼経済が不調になると米国債が活躍する

ポートフォリオに加えた米国債について、

詳しく説明しましょう。

米国債は米国政府が発行する債券です。

「米国政府が返済できなくなることはないのか？」と心配されるかもしれませんが、米国債はドル建て（自国通貨建て）であり、ドルはＦＲＢが発行できます。つまり、**米国は必要なときに自国通貨のドルを発行して債務を返済できるため、米国債のデフォルトリスクは極めて低いと考えられています**。一方、外貨建て債務を抱える国では、自国で外貨を発行できないため、返済が困難になると、デフォルトに陥るリスクが高まります。

歴史上、巨額の債務を抱えた国は債務返済が困難になると、デフォルトか紙幣増発の2択を迫られます。ただ、通常は間違いなく紙幣増発を選びます。

米国債は満期まで保有すると元本が償還されますが、その途中で価格は上がったり下がったりしています。なぜなら、株式と同じように市場で取引されているからです。ではどのように米国債の価格が変わるかというと、金利が上がれば下がり、金利が下がれば上がります。

金利が上がると、新しい米国債がより高い利回りを提供するため、既存の低利回りの米国債の価値が下がり、金利が下がると、その逆が起こるのです。
ただ、慣れるまで難しいかもしれませんので、**米国債価格は「金利が上がれば下がり、金利が下がれば上がる」と覚えておけばOKです。**

こうした金利の調整を通じて経済の「健康状態」を保とうとするのが中央銀行です。中央銀行は経済の診断と治療を行う「医者」のような役割を果たしています。

例えば、経済が低成長・低インフレの時期には、中央銀行は金利を引き下げます。借入コストが下がるため、企業は新しい投資がしやすくなり、人々も住宅ローンや自動車ローンを利用して購入する意欲が高まり、経済活動を刺激します。つまり、金利が下がるので、米国債の価格は上昇します。

一方、高成長・高インフレの時期には、中央銀行は金利を引き上げます。借入コストが上がるため、企業は投資を減らしたり、人々もローンを組むのを控えたりするようになって、経済活動にブレーキがかけられます。つまり、金利が上がるので、米国債の価格は下落します。

中央銀行はこのように金利を上げ下げし、経済の安定化を目指しているのです。

簡単にまとめれば、**経済が好調なときは米国株が活躍し、経済が不調になると米国債が活躍するということです**。米国株と米国債は、経済環境によってお互いを補完し合う最高のチームメイト（補完的な資産クラス）なのです。

なお、リスパリでは米国債を満期まで保有するのではなく、期間を一定（20年超）に保つことが重要です。この点でETFを使うと便利です。ETFを使えば、個々の債券を売買して入れ替える手間が省け、自動的に20年超の米国債に投資し続けることができます。

▼米国債20年超で株式の下落分をカバーする

本書では、リスクが低い米国債10年ではなく、より金利の変動に敏感でリスクが高い米国債20年超（リスクスコア3）を採用しています。通常の投資戦略では、同じようなリターンであれば、よりリスクが低い選択肢を選ぶことが望ましいとされます。

では、**なぜリスパリではリスクが高い資産クラス（20年超の米国債）を選んでいるのか**

というと、その方が特定のタイミング（例えば、景気後退期）に高いリターンを得ることができてバランスが取れるためです。リスクが低い資産クラス（米国債10年）では、景気後退期に株式の下落分をカバーするだけのリターンを得ることが難しくなります。

従来の投資の常識とは異なるので、おそらく直感に反することでしょう。しかし、リスパリでは、必要なときに必要なリターンを稼いでくれる資産を選ぶことが大切です。

もう一点、注意していただきたいことがあります。

利回りが高いという安易な理由だけで、米国債以外のリターンの高い債券に目を向ける人もいるかもしれません。しかし、チームの選手として考えるとき、それは正解ではありません。なぜなら、債券には米国債とは全く違う特徴を持っている商品も多いからです。

例えば、ハイ・イールド債は格付けの低い企業によって発行されますが、デフォルトのリスクが高い分、利回りが高くなります。経済成長により企業の財務状況が改善し、債務返済の可能性が高まるため、ハイ・イールド債も株式と同様に、経済が成長しているときには価格が上昇し、悪化すると下落する傾向があります。

図3-8

経済環境別の実質リターン

	1972-1980	1981-1999	2000-2009	2010-2019
経済環境	スタグフレーション	ディスインフレ成長	ITバブル崩壊・リーマンショック	回復期（金融緩和）
	成長↓インフレ↑	成長↑インフレ↓	成長↓インフレ↑	成長↑インフレ↓
	5%	6%	5%	6%

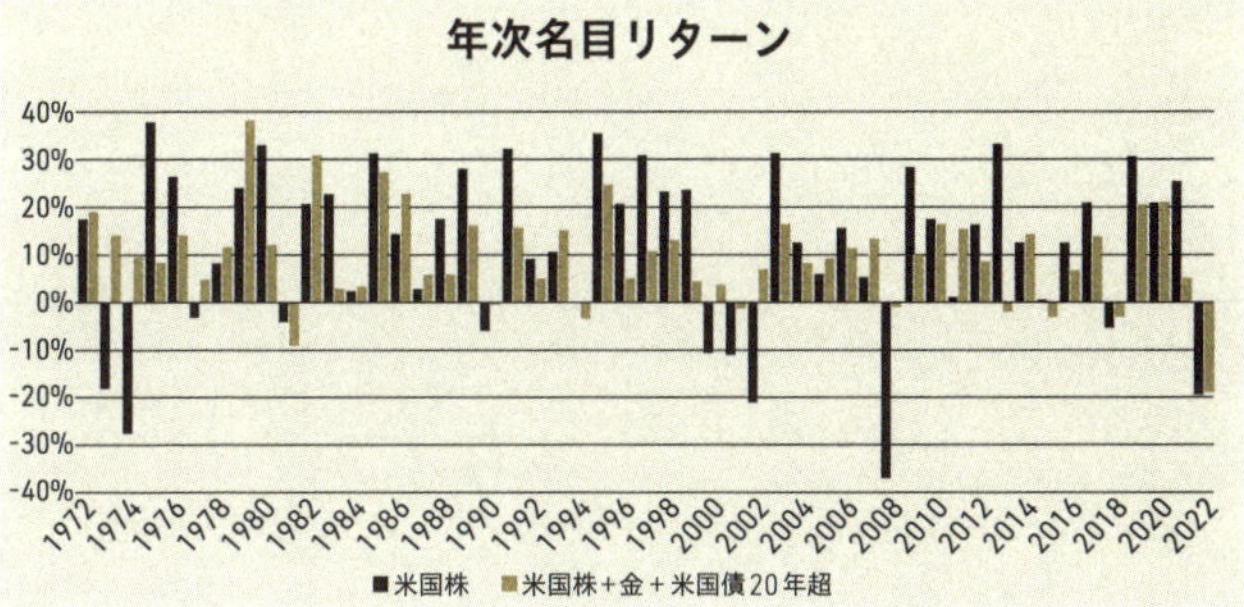

市場の予想	成長	インフレ
高い	米国株 コモディティ	金 コモディティ
低い	米国債20年超 金	米国株 米国債20年超

出所：Portfolio Visualizer
bridgewater、Evoke Advisors、筆者一部編集

そのため、**ハイ・イールド債では、景気が悪いときにポートフォリオを守ることはできません**。米国債をハイ・イールド債で代用するのは、リスパリの視点では正解ではありません。

その他、新興国債券も米国債とは得意な経済環境が異なります。

名前が似ているので、代用したくなる気持ちはわからなくもありませんが、「DaiGo」さんと「DAIGO」さん、「陣内孝則」さんと「陣内智則」さん、「高橋克典」さんと「高橋克実」さん、「新山千春」さんと「松山千春」さんと同じくらい別物と考えた方がいいのです。

図3-9

相場	期間	S&P500	米国長期国債	中期債券	ハイ・イールド債
下落期	2007年10月-2009年3月	-58.2%	30.4%	7.2%	-29.5%
上昇期	2009年3月-2010年4月	84.2%	-12.9%	9.5%	72.4%
下落期	2010年4月-2010年7月	-15.6%	13.5%	3.0%	-2.1%
上昇期	2010年7月-2011年4月	35.5%	-4.9%	3.0%	16.1%
下落期	2011年4月-2011年10月	-18.6%	36.7%	5.4%	-7.5%
上昇期	2011年10月-2012年4月	30.5%	-8.6%	1.0%	12.6%
下落期	2012年4月-2012年6月	-9.6%	17.5%	2.2%	-0.7%
上昇期	2012年6月-2013年12月	49.7%	-19.9%	-0.5%	18.9%

出所：アレックス・シャヒディ「Balanced Asset Allocation」

株式と同等のリターンをより低いリスクで達成
～米国株26％＋金20％＋米国債20年超34％＋コモディティ20％～

米国株、金、米国債20年超に加えて、高成長・高インフレ時に価格が上昇するコモディティを追加したバックテストです（図3－10参照）。4つの資産クラスが各々のパフォーマンスを超えて、理想的なポートフォリオを形成しています。分散投資でもうまく分散すれば、全体のリターンを落とすことはありません。**リターンは株式投資と同等で、リスクだけを低減できているのです**。

上記のようなバランスの取れたポートフォリオを構築していれば、どの資産クラスが最も良いパフォーマンスを発揮するかを予測する必要がありません。急なマーケットの変動

図3-10

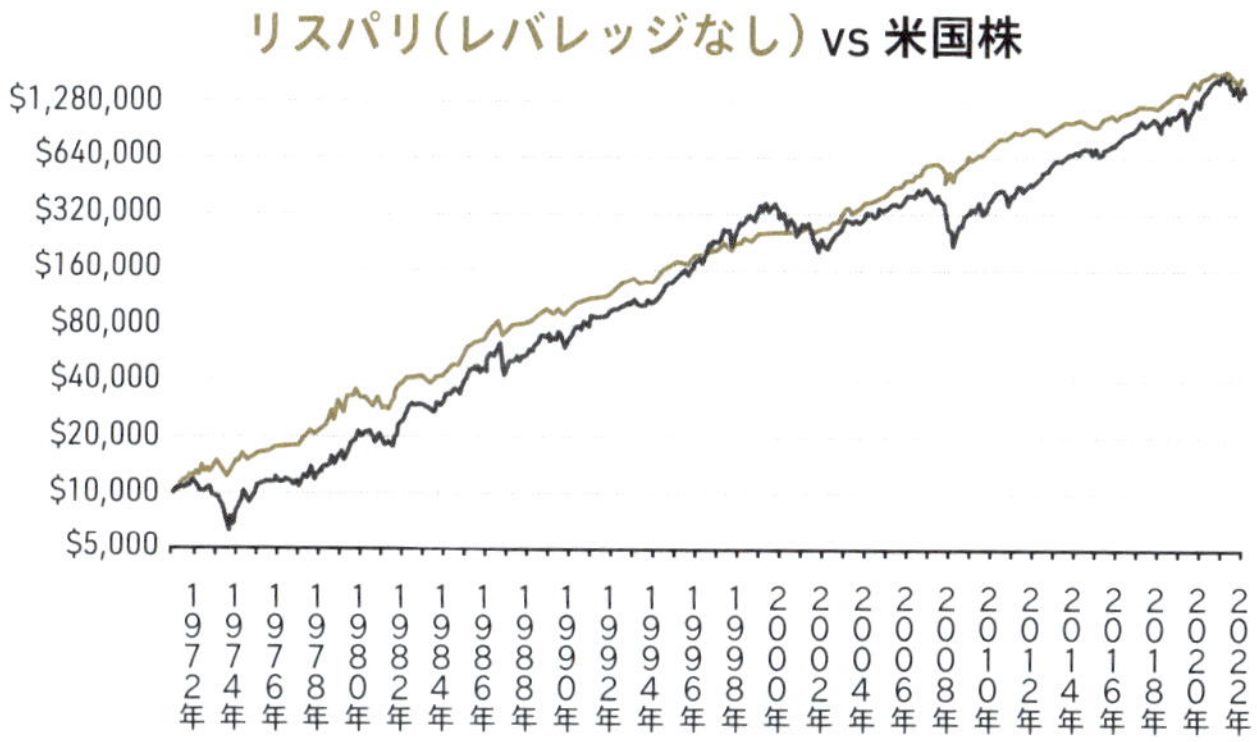

出所：TradingView、Portfolio Visualizer

にも動じず、損失の頻度が減り、下落幅も小さくなります。

しかし残念ながら、ほとんどの投資家はコモディティを気にもかけていません。

もし高インフレが訪れたとき、株だけで大切な資産を守ることはできるのでしょうか。おそらく難しいでしょう。

１９７０年代、多くの投資家はインフレを過小評価しました。１９６０年代以前の経験から、インフレ率が急上昇することなど考えもしていなかったのです。

しかし、１９８０年代～１９９０年代には逆の状況が生じました。１９７０年代の経験から、インフレが再び急上昇するのではないかと過度に警戒し、インフレ率の急速な低下を予期できなかったのです。これは、インフレの変動を予測することが、いかに難しいかを示しています。未来の経済環境がどうなるかは誰にも予想できません。

インフレに強い資産クラスはそう多くありませんが、コモディティはそのなかで貴重な存在です。インフレが進む時期でも、米国株や米国債といった資産の損失を補完する役割を果たすのです。

▼コモディティはインフレに強く、経済成長にも強い

読者のなかにはコモディティの知識が少ない方もいらっしゃるでしょう。

コモディティとは、目に見えて形があり、触ることができるリアルな「実物資産」です。目に見えず、形がなく、触ることができない株式や国債、銀行預金のような「金融資産」とは根本的に異なります。例えばコモディティは次のようなものです。

図3-11

経済環境別の実質リターン

	1972-1980	1981-1999	2000-2009	2010-2019
経済環境	スタグフレーション	ディスインフレ成長	ITバブル崩壊・リーマンショック	回復期（金融緩和）
	成長↓インフレ↑	成長↑インフレ↓	成長↓インフレ↑	成長↑インフレ↓
	6%	7%	7%	7%

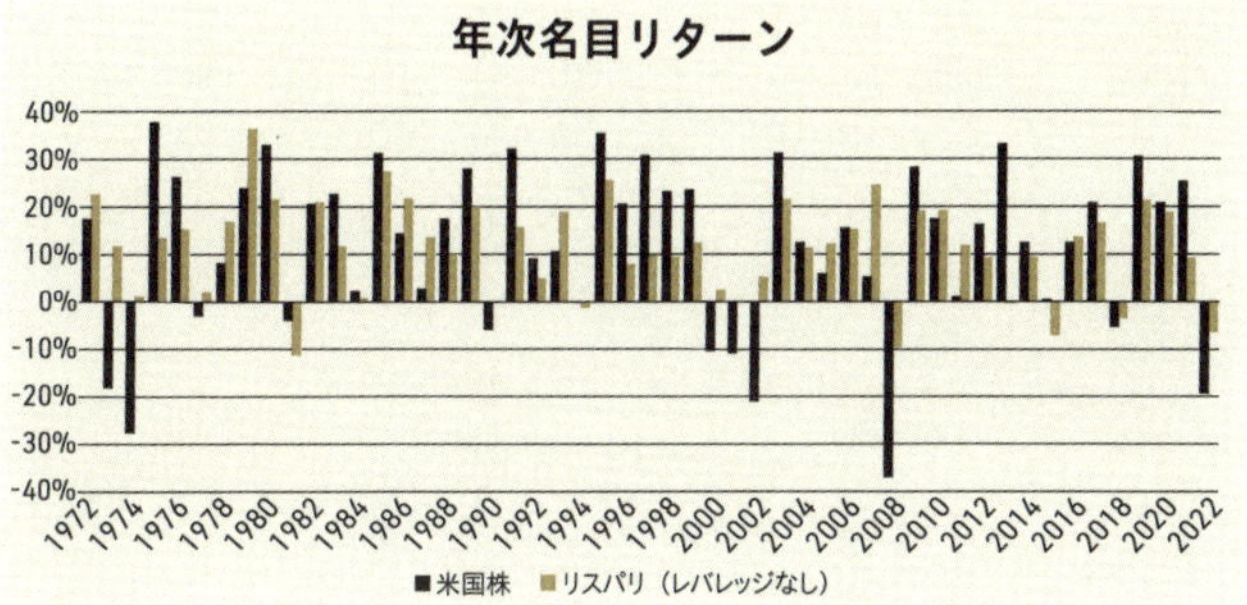

市場の予想	成長	インフレ
高い	米国株 コモディティ	金 コモディティ
低い	米国債20年超 金	米国株 米国債20年超

出所：TradingView、Portfolio Visualizer
bridgewater、Evoke Advisors、筆者一部編集

・**エネルギー**（原油・天然ガスなど）
・**工業用金属**（鉄鉱石・銅・アルミニウム・ニッケルなど）
・**農畜産物**（小麦・トウモロコシ・牛・豚など）

コモディティの価格は需要と供給のバランスで決まります。**金融資産のように金融工学を使って簡単に増やすことはできないため、供給が需要の増加に追いつかないと、コモディティの価格は上昇しやすくなります**。

この特徴が、インフレに対する強さを生み出します。

わかりやすく説明するために、原油を例に考えてみましょう。

油田を探し出し、生産を始めるまでには、巨額の投資と長い年月が必要です。そのため原油の供給を急に増やすことは難しく、需要が増えると価格が上昇します。

また、小麦やトウモロコシなどの農産物は植えてから育てて収穫するまでに数カ月かかります。そのため、小麦やトウモロコシを欲しがる人が増えても、すぐに量を増やせないので、値段が上がりやすいです。

私は、コモディティに投資する最大の理由はインフレ対策だと先述しました。

これはコモディティが消費者物価指数（CPI）の一部だからという理由だけではありません。**コモディティの価格が上がると、それが他の商品やサービスの価格にも影響を与え、インフレ率が上昇するからです。**

例えば、原油価格が上がるとガソリン価格も上がって、自動車、トラック、航空機などの輸送コストが増えます。プラスチックや化学製品の製造にも原油が使われるので、製造コストが上がります。こうしたコストの増加が最終的に価格に転嫁され、インフレ率を押し上げる要因となります。

また、コモディティは高成長時に価格が上昇する傾向があります。経済が好調になると、人々の収入が増えて消費も増加します。その結果、原材料であるコモディティの需要が上がります。供給が需要の増加に追いつかないと、価格は上昇します。

つまり、コモディティはインフレに強く、経済成長にも強い資産なのです。

▼コモディティ関連企業の株式に投資する

では、コモディティにどうやって投資すればいいのか？

実際に原油や鉄鉱石、家畜を所有するのは現実的ではありません。**私がおすすめするのは、コモディティ関連企業の株式に投資する方法です**。

エクソンモービルとシェブロンは、世界最大級のエネルギー企業です。石油や天然ガスの採掘、精製、販売を行い、グローバルな市場で巨大な影響力を持っています。

ＢＨＰとリオティントは、世界最大級の鉱業会社です。ＢＨＰは鉄鉱石・銅・石炭・ニッケルを、リオティントは鉄鉱石、アルミニウム・銅を主要に採掘して、世界をリードしています。

ディアは、世界最大の農業機器メーカーです。高性能なトラクターや収穫機は農業の生産性を大幅に向上させています。

図3-12

インフレに強い資産はどれか？

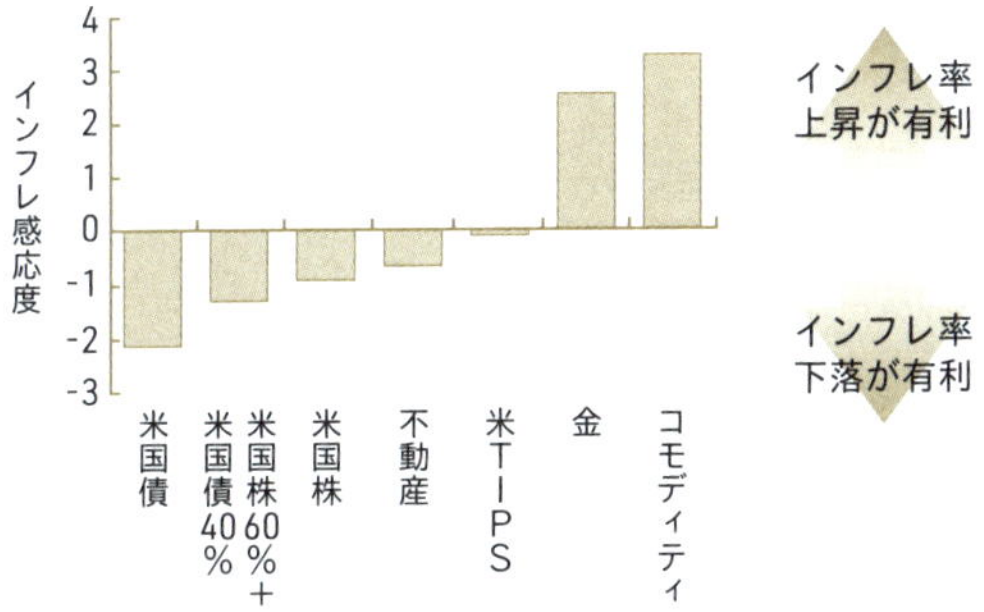

1972年1月〜2021年6月
出所：アンティ・イルマネン『期待リターンII』（金融財政事情研究会）

コモディティ関連企業の利益は、当然ながらコモディティ価格に大きく影響されます。

例えば農作物の価格が上昇すると、農家の収入が増加します。トラクターや収穫機の需要（アップグレードや拡張）が高まって、ディアの売上や利益も増加する傾向があります。

エクソンモービルやシェブロンといったエネルギー企業は、石油や天然ガスの価格が上昇すると、その販売価格が上昇して収益が増加します。

また、ＢＨＰやリオティントのような鉱業会社は、鉄鉱石や銅などの価格が上昇すると、その資源の販売価格が上がって利益が増加します。

コモディティ関連企業の株式に投資することで、現物のコモディティを保有するときの保管や管理といった面倒な制約を避けつつ、コモディティ価格の上昇による利益を享受できるのです。

第4章

レバレッジ×分散投資で株式投資に勝つ方法

もっとリターンを！欲張りな人向けの裏ワザがあるって本当？

エミ：「やっぱりバックテストで証明されてると、安心して投資を続けられそうです！　それにしても、リスパリがこんなに安定しているなんて。もっと早く知りたかったなぁ」

堂瀬：「データで裏付けされてると、ただの理論じゃないって実感できるよね。リスパリは長期的にどんな経済環境でも安定したリターンを生み出すのが強みだからね」

エミ：「でも……やっぱり、リターンがもう少し高くなると嬉しいなって思っちゃうんです。リスクを抑えるのはわかるけど、ちょっと物足りないというか……。あ、私、欲張りすぎですかね？（笑）」

堂瀬：「いや、決してそんなことはない。誰だってリターンを増やしたいと思うものだよ。ただ、リスクを無視してリターンばかり追いかけると、逆に大きな損失を出すことがある。例えば、50％の損失を出したら、取り戻すのに100％のリターンが必要になるんだ。だから、リスクを管理することが重要なんだよ」

エミ：「なるほど。でも、リスクを抑えつつリターンをさらに上げるなんて、そんな都合のいい方法ってあるんですか？」

堂瀬：「あるかないかと問われれば、ある。それが『レバレッジ』だ。レバレッジを使えば、大きなリターンを狙えるが、リスクが高くなるのも事実」

エミ：「リスクが増えるって聞くとやっぱりちょっと怖いかも……。本当に安全なんですか？」

堂瀬：「確かにレバレッジは、使い方を間違えると危険だ。でも、バックテストの結果を見れば、そのイメージも変わるかもしれない。自分のリスク許容度に合った最適な投資戦略を選ぶときの重要なデータになるから、まずは確認してみよう」

エミ：「バックテスト！　なんだかまたプロっぽくなってきた（笑）。さっき見たやつもすごかったけど、レバレッジを加えるとどうなるんだろう……すっごく楽しみです！」

危険なイメージのレバレッジはリスパリと相性抜群

まずは前章までのことを簡単におさらいしましょう。

図4－1をご覧ください。

これはリスパリのポートフォリオのイメージ図です（例示のために簡略化しています）。米国株や米国債など、異なる動きをする資産を組み合わせることで、ポイントAからポイントBへの値動きは滑らかになっています。実は、「ある方法」を加えれば、さらにリターンは高まります（図4－1のポイントB→ポイントC）。

それは「レバレッジ」です。レバレッジとは、直訳すると「てこの原理」を意味します。

図4-1

低リスクのポートフォリオにレバレッジをかければ、さらにリターンが高まる

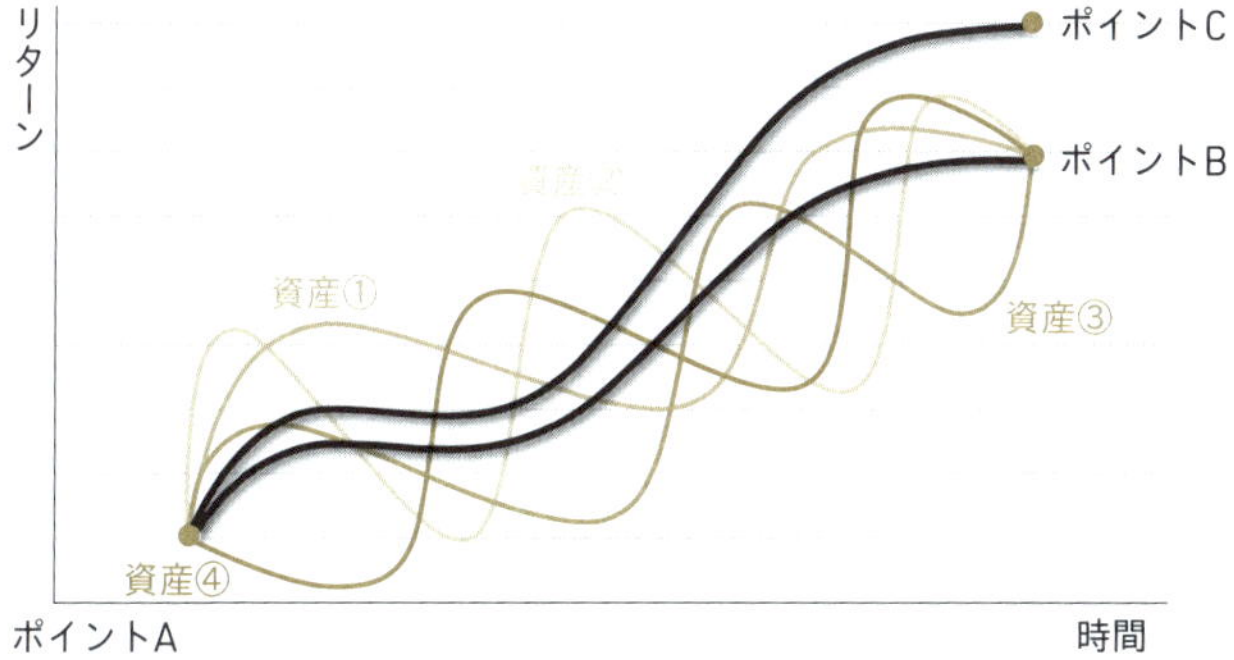

一般的には、少ない力で大きな効果をもたらすという意味で使われ、投資の文脈では、少ない元手でより大きな投資成果を狙う手法を指します。しかし、その反面リスクも高まるため、損失が発生した場合には損失額が大きくなる可能性があり、慎重なリスク管理が求められます。

▼レバレッジをかけても リスクはあまり増えない

多くの人は「レバレッジは危険」といったネガティブなイメージを持っているかもしれません。しかし、すでにご理解いただいている通り、リスパリはどんな経済環境でも安定した収益を生み出す投資法で、ほとんど損失を出さないのが特徴です。

そのため、**リスパリではレバレッジを使用しても損失は限定的なのです**。一方、株式投資は特に低成長や高インフレのときに脆弱で、レバレッジをかけるとそこで損失がさらに増幅します。

つまり、リスパリと株式投資とでは、レバレッジの危険性に根本的な違いがあるということ。リスパリとレバレッジの相性は抜群なのです。

これをわかりやすく例えるなら、いちご狩りのいちご（＝リスパリ）と練乳（＝レバレッジ）の組み合わせです。もちろん、そのままの新鮮ないちごもスーパーで売っている商品よりも美味しく味わえます。しかし、ミルキーでとろりとした甘い練乳を加えることで、まさにドーピングレベルの美味しさに変わります。いちご狩りのいちごにとって、最強のパートナーは練乳であることは間違いありません。

株式投資を上回るポートフォリオはこれ！

では、レバレッジをどのようにかければいいのでしょうか。

ネット証券で人気ランキング常連のレバレッジETFを使用すれば、ヘッジファンドのようにポートフォリオ全体にレバレッジをかけられます。

ポイントは、レバレッジETFを使用した資産の配分を減らし、他の資産クラスの配分を増やすことで、基本ポートフォリオのリスクバランスを大きく変えないようにすることです。こうすることで、特定の資産クラスや経済環境が全体のパフォーマンスに過度な影響を与えることがないように、リスクを分散しながらリターンを向上させることが可能になります。

▼基本ポートフォリオのリスクバランスを遵守

図4－2を見てください。

レバレッジETFで構成した3種類のポートフォリオです。

ポートフォリオ全体のレバレッジを1・15倍にするなら、米国株にレバレッジ2倍のETF「DirexionデイリーS&P・500ブル2倍ETF（SPUU）」を使用します。

ポートフォリオ全体のレバレッジを1・3倍にするなら、米国債20年超にレバレッジ3倍のETF「Direxionデイリー20年超米国債ブル3倍ETF（TMF）」を使用します。

さらにポートフォリオ全体のレバレッジを1・56倍に上げるときは、SPUUとTMFの両方を使用します。

図4-2

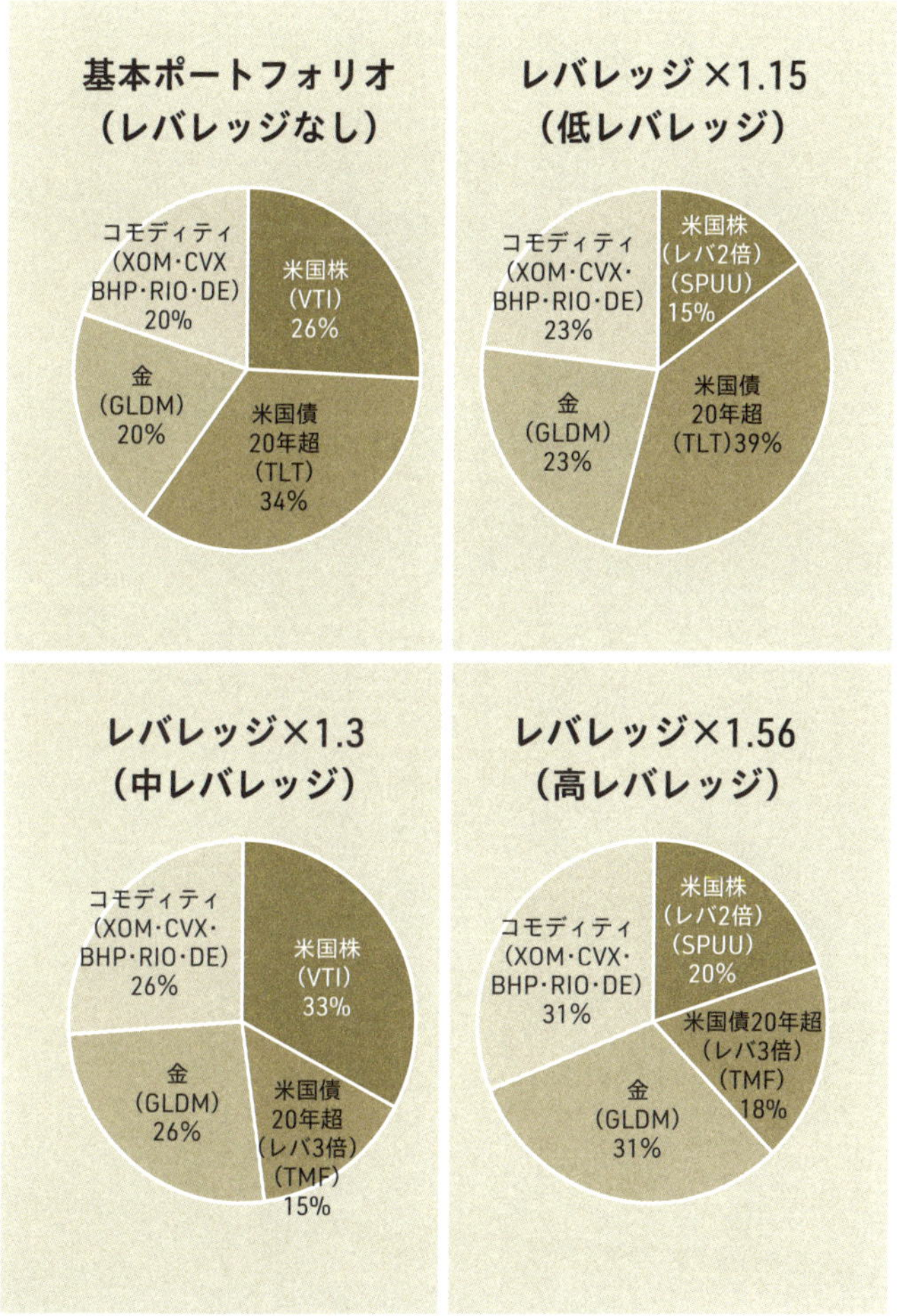
基本ポートフォリオ
（レバレッジなし）
米国株
（VTI）
26%
米国債
20年超
（TLT）
34%
金
（GLDM）
20%
コモディティ
（XOM・CVX
BHP・RIO・DE）
20%
レバレッジ×1.15
（低レバレッジ）
米国株
（レバ2倍）
（SPUU）
15%
米国債
20年超
（TLT）39%
金
（GLDM）
23%
コモディティ
（XOM・CVX・
BHP・RIO・DE）
23%
レバレッジ×1.3
（中レバレッジ）
米国株
（VTI）
33%
米国債
20年超
（レバ3倍）
（TMF）
15%
金
（GLDM）
26%
コモディティ
（XOM・CVX・
BHP・RIO・DE）
26%
レバレッジ×1.56
（高レバレッジ）
米国株
（レバ2倍）
（SPUU）
20%
米国債20年超
（レバ3倍）
（TMF）
18%
金
（GLDM）
31%
コモディティ
（XOM・CVX・
BHP・RIO・DE）
31%

▼「リスクが同じなら、リターンは高い方がいい」ワケ

図4－3は、1972～2022年の長期にわたるバックテストの結果です。**「レバレッジなし」「レバレッジ1・15倍」「レバレッジ1・3倍」「レバレッジ1・56倍」のポートフォリオをプロットして直線を引くと、きれいな右肩上がりになります。**レバレッジを高めることでリスクは増加しますが、リターンも大きく向上しています。ご自身のリスク許容度に応じて、最適なポートフォリオを選ぶと良いでしょう。

注目すべきは、米国株と米国債10年のポートフォリオの曲線（グレー）に比べて、リスパリの直線のほうがより高い位置にあることです。同じリスクなら、リターンはリスパリの方が一目瞭然で高いことがわかります。

これはリターンを上げるためには、株式へ集中投資する必要はなく、リスパリで株式より低リスク・高リターンが実現することを示しています。

図4-3

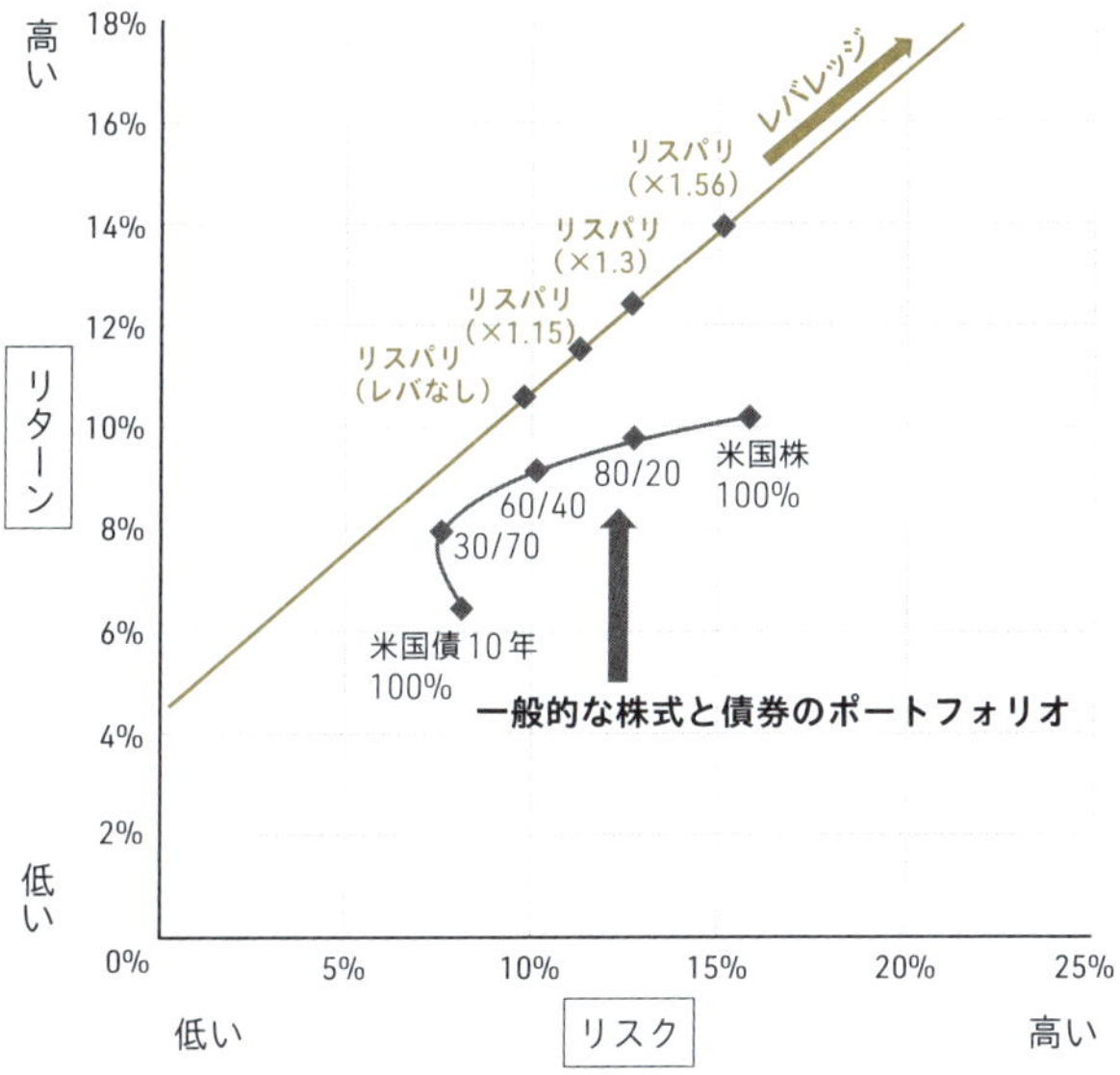

1972 ～ 2022年の集計データ
出所：TradingView、Portfolio Visualizer、FRED

リターンを上げるために、
株式へ集中投資する必要なし。
リスパリなら株式より、
低リスク・高リターンが実現する。

なぜ本書がリスク（ボラティリティ）の低減にこれほどまでこだわってきたのか、改めてご理解いただけたでしょうか。レバレッジを活用すれば、リターンをこのように柔軟に調整して高めながら、リスクを管理可能な水準に保つことができます。

ウェブサイトや書籍には「儲かる株の見つけ方」に関する情報が溢れていますが、多くの投資家はリターンばかりに目を奪われ、リスクの重要性を見落としています。

「そんなことはない、私はちゃんとわかっている」。そう主張する人も多いでしょうが、本当にそうでしょうか。例えば、投資商品Aと投資商品Bを比較するとき、ボラティリティを無視してはいませんか。「どちらが儲かるか」ばかり考えてはいませんか。

「最高のポートフォリオとは何か？」

それは、**より低いリスクでより高いリターンを実現するもの（専門的に言えば、リスク1単位当たりのリターンが最高のポートフォリオ）です。**

つまり、「リスクが同じなら、リターンは高い方がいい」「リターンが同じなら、リスクは低い方がいい」ということです。

単に高いリターンを追い求めるのではなく、「リスクの量に対して得られるリターン（成果）」を意識しましょう。そして、レバレッジを味方につけて、「リスクをコントロール」しましょう。

基本ポートフォリオのリスクを低減できれば、それほどリスクを高めることなく、レバレッジでリターンを引き上げることができます。**つまり、リスクを下げることは、リターンを上げることと同じくらい価値があるということ**。これこそが、レバレッジ×分散の「相乗効果マジック」なのです。

リスクの低減にこだわる根拠であり、ポートフォリオが低相関の資産で構成されるべき理由でもあります。

次項からレバレッジの効果をより深く理解するために、レバレッジを使用したバックテストの結果を詳しく見ていきます。

株式のリターンを上回る
～レバレッジ1・15倍～

まずはポートフォリオに1・15倍のレバレッジをかけたバックテストの結果です（図4－4参照）。ご覧のように、株式のリターンを上回る結果となりました。**多くの専門家が警鐘を鳴らすレバレッジですが、基本ポートフォリオのリスクをまず減らすことで、リスクをそれほど増やさずにリターンを引き上げることができます。**

一方で、比較対象として示した米国株の線（グレー）は、予想できない急激な下落に見舞われることがあります。もし皆さんが1972年や1999年、そして2007年に米国株のみの投資を始めていたら、1～2年後には奈落の底に突き落とされた気分を味わっ

図4-4

リスパリ×1.15 vs 米国株

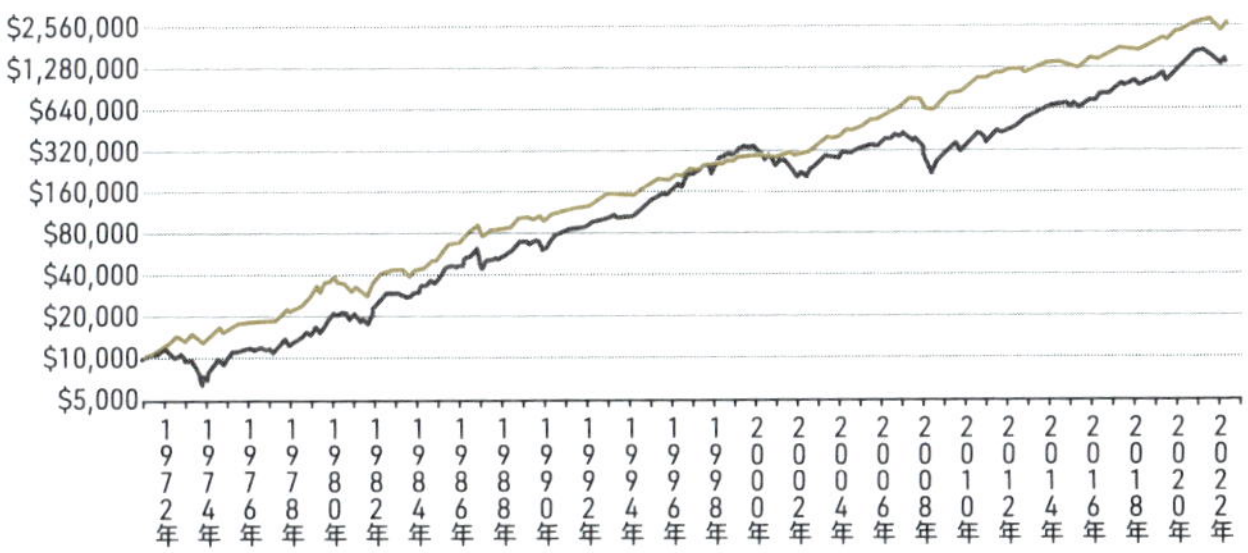

経済環境別の実質リターン

	1972-1980	1981-1999	2000-2009	2010-2019
経済環境	スタグフレーション	ディスインフレ成長	ITバブル崩壊・リーマンショック	回復期（金融緩和）
	成長↓インフレ↑	成長↑インフレ↓	成長↓インフレ↑	成長↑インフレ↓
	7%	8%	8%	8%

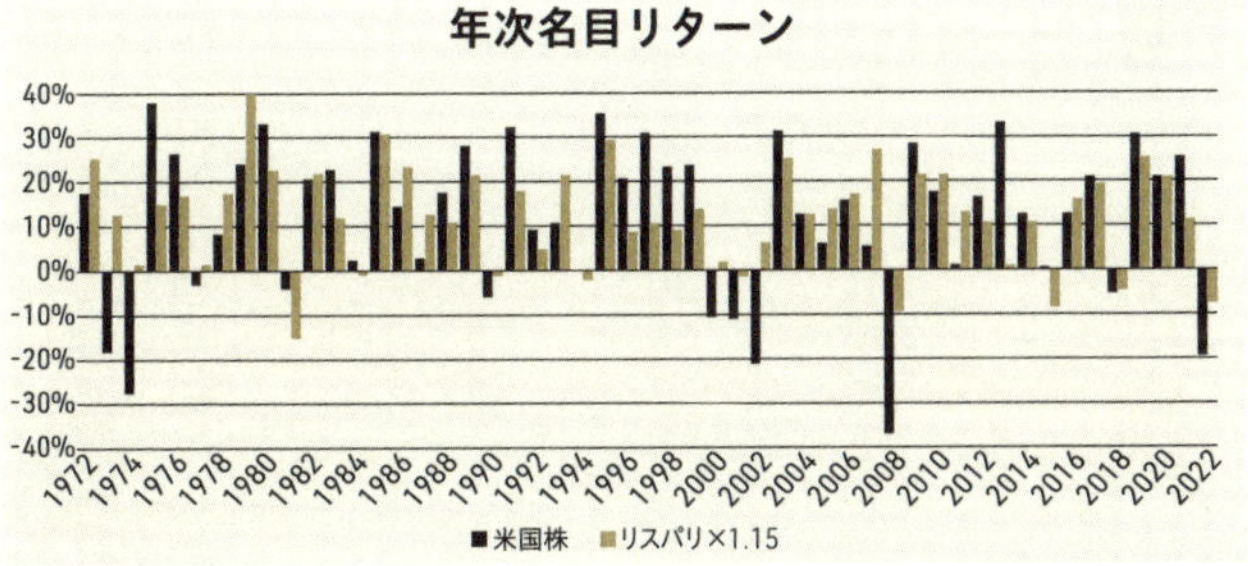

出所：TradingView、Portfolio Visualizer、FRED

たかもしれません。

しかし、**リスパリ×レバレッジ1・15倍で投資していたら、エントリーポイントが過去50年間のどこであっても、数年後には高い確率で素晴らしい投資成果を期待できたことが読み取れます**。

ご自身のリスク許容度に応じて、最適なポートフォリオを選ぶと良いと先述しましたが、大多数の個人投資家にとっては、レバレッジなしの基本ポートフォリオ、またはこの1・15倍のポートフォリオが適していると考えられます。

ただし、1・15倍は、株式投資よりリスクが低いものの、株式60%債券40%のポートフォリオに比べるとリスクは高いです。一般的に株式60%債券40%のポートフォリオのリスクが一つの目安とされるため、自分がどの程度リスクを取れるのかを慎重に考慮したうえで、最適な投資戦略を選ぶことが重要です。

▼資産配分を変えずにレバレッジを使用することが大切

ここで皆さんに守っていただきたいポイントをお伝えします。

リターンを高めるためには、資産クラスの配分割合を変えるのではなく、ポートフォリオ全体のレバレッジ倍率を上げてください。

例えば米国株の配分を増やして、他の資産の配分を減らしたらどうなるでしょうか。高成長時には高いリターンが期待できますが、低成長・高インフレ環境のときには運用成績が落ち込みます。一方、資産配分を変えずにレバレッジを使用すれば、あらゆる経済環境において資産を守りながら、利益の成長速度を加速させることができるのです。

低成長・高インフレ時に低調なパフォーマンスとなる株式にオールインするよりも、あらゆる経済環境で良好なパフォーマンスを発揮するポートフォリオに適度なレバレッジをかける方がより優位性は高いです。

もちろんレバレッジのリスクはゼロではありませんが（詳細は第5章を参照）、そのメリットは補って余りあるのではないでしょうか。

株式より低リスクで約9%のリターン

～レバレッジ1・3倍～

図4－5はポートフォリオのレバレッジ倍率を1・3倍に上げたものです。

レバレッジ1・15倍のときと同様に、どの期間でもリターンがさらに増加しています。**実質リターン8～9%という素晴らしい結果を示しており、年次リターンを見ても、株式のみより低リスクであることは一目瞭然でしょう。**

もし皆さんが証券会社の営業マンから「株より低リスクで、しかも実質リターンが8～9%の投資信託があるんですよ！」と勧誘を受けたら、「絶対に怪しい」と反射的に思うはずです。

しかし、リスパリにはそのくらい長期的な安定性があるのです。

▼バフェットもレバレッジでリターンを最大化していた

ところで、マスコミや多くの人は、ウォーレン・バフェットの銘柄選択術に注目しがちです。世界で最も成功した投資家の一人であり、「投資の神様」とも称されていることから、彼の投資が耳目を集めることは当然のことでしょう。

しかし、**彼の投資方法を紐解いていくと、その成功の裏側にはレバレッジと低リスク・高クオリティ企業への一貫した投資戦略があるとわかります**。

『Buffett's Alpha』（Andrea Frazzini, David Kabiller, and Lasse Heje Pedersen）によると、バフェットは平均で約1・7倍のレバレッジ（1976〜2017年）を活用していると言います。

バフェット率いる持株会社バークシャー・ハサウェイは保険会社を所有しており、その保険料がバフェットの重要な投資の資金源となっています。この実質的なレバレッジで、

図4-5

リスパリ×1.3 vs 米国株

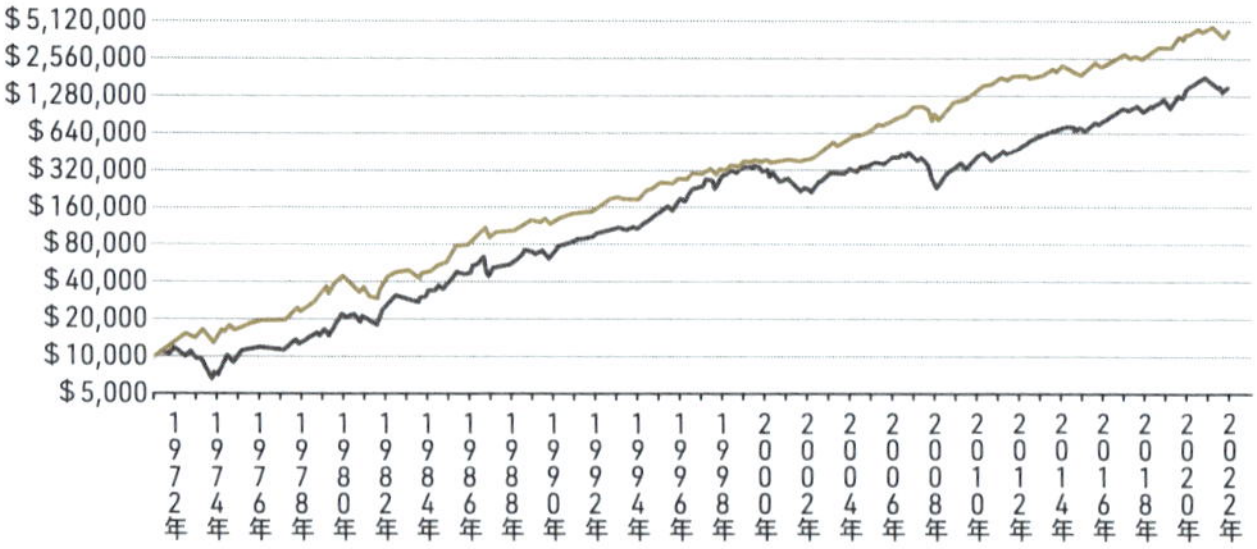

経済環境別の実質リターン

	1972-1980	1981-1999	2000-2009	2010-2019
経済環境	スタグフレーション	ディスインフレ成長	ITバブル崩壊・リーマンショック	回復期（金融緩和）
	成長↓インフレ↑	成長↑インフレ↓	成長↓インフレ↑	成長↑インフレ↓
	8%	8%	9%	9%

年次名目リターン

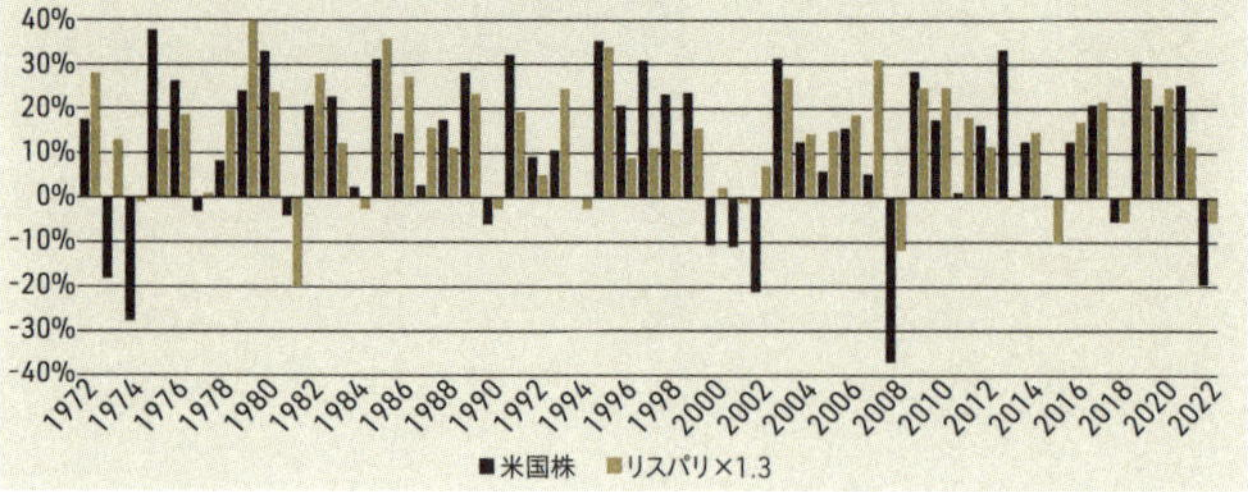

出所：TradingView、Portfolio Visualizer、FRED

バフェットは低コストで資金を調達し、値動きが小さく低リスクで安定した高品質の企業（例えばコカ・コーラなど）に投資することで長期的に大きな利益を得ているのです。

レバレッジを活用した投資戦略がなければ、驚異的なリターンが生み出されることはなかったでしょう。つまり、バフェットの買った銘柄をただ模倣するだけでは、同じ利益を再現することは不可能なのです。

バフェットとリスパリは、それぞれ全く異なる投資哲学を持ちながらも、リスクを抑えつつレバレッジでリターンを最大化するという点では共通していると言えます。バフェットは低リスク、高クオリティ銘柄に投資することで、レバレッジのリスクを管理します。一方、リスパリでは、低リスクの基本ポートフォリオにレバレッジをかけて、リターンを向上させます。

なお、『Buffett's Alpha』では、バフェットの投資戦略が高いリターンを生む一方で、高いリスクを伴うことが指摘されています。バークシャー・ハサウェイのボラティリティは23・5％です。市場平均の15・3％を上回っています。このボラティリティの高さをどう考えるかは皆さん次第ですが、バフェットの成功は、他の投資家が退場を余儀なくされるような厳しい時期を乗り越え、一貫した投資戦略を長期にわたって実行し続けたことにあると考えられるのです。

50年ほったらかしで驚異のリターン
～レバレッジ1・56倍～

最後はポートフォリオのレバレッジを1・56倍まで上げた結果です（図4－6参照）。**株式投資と同じようなリスクレベルでありながら、目を疑うほどのリターンになりました。**しかも、米国株のように長期間にわたる株価の深刻な低迷も見当たりません。

個別株の銘柄選択に時間と労力を費やしている方には、さぞかし衝撃的な結果でしょう。銘柄選択を頑張るなら、分散された市場平均のポートフォリオにレバレッジをかけて「ほったらかし」たほうが、はるかに合理的な投資なのです。もはやリスクを冒して、ゼロサムゲームに参加することがバカバカしく思えるくらいです。

図4-6

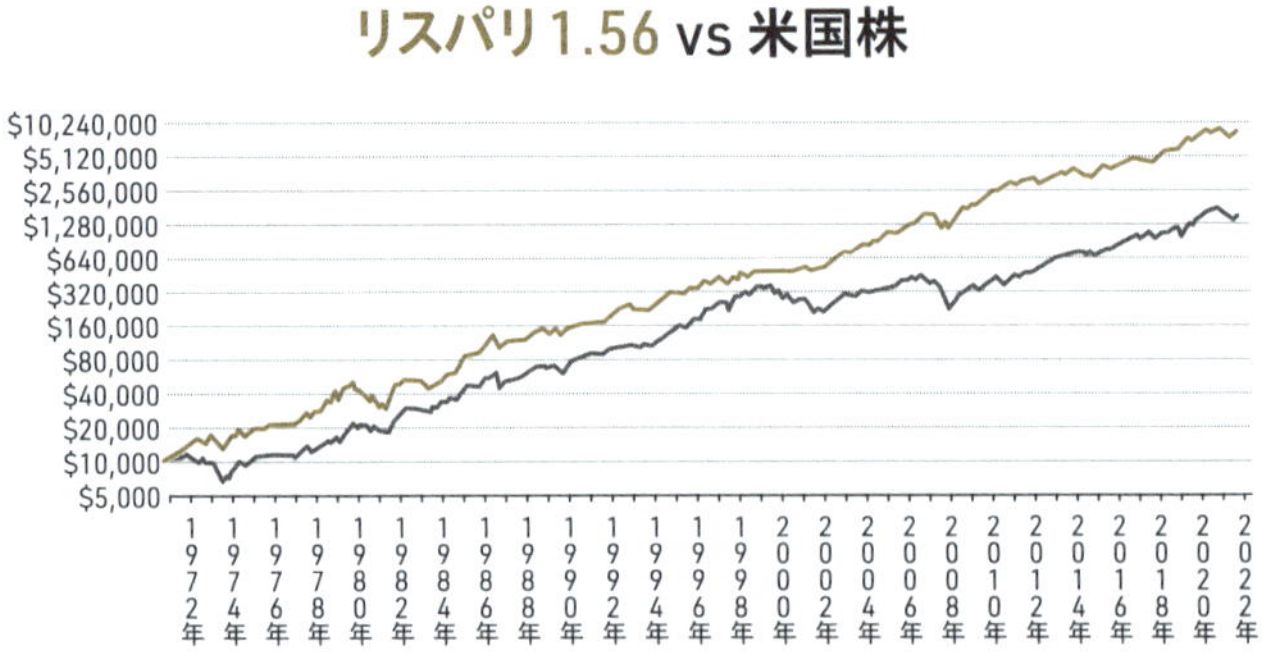

経済環境別の実質リターン

	1972-1980	1981-1999	2000-2009	2010-2019
経済環境	スタグフレーション	ディスインフレ成長	ITバブル崩壊・リーマンショック	回復期（金融緩和）
	成長↓インフレ↑	成長↑インフレ↓	成長↓インフレ↑	成長↑インフレ↓
	10%	9%	11%	11%

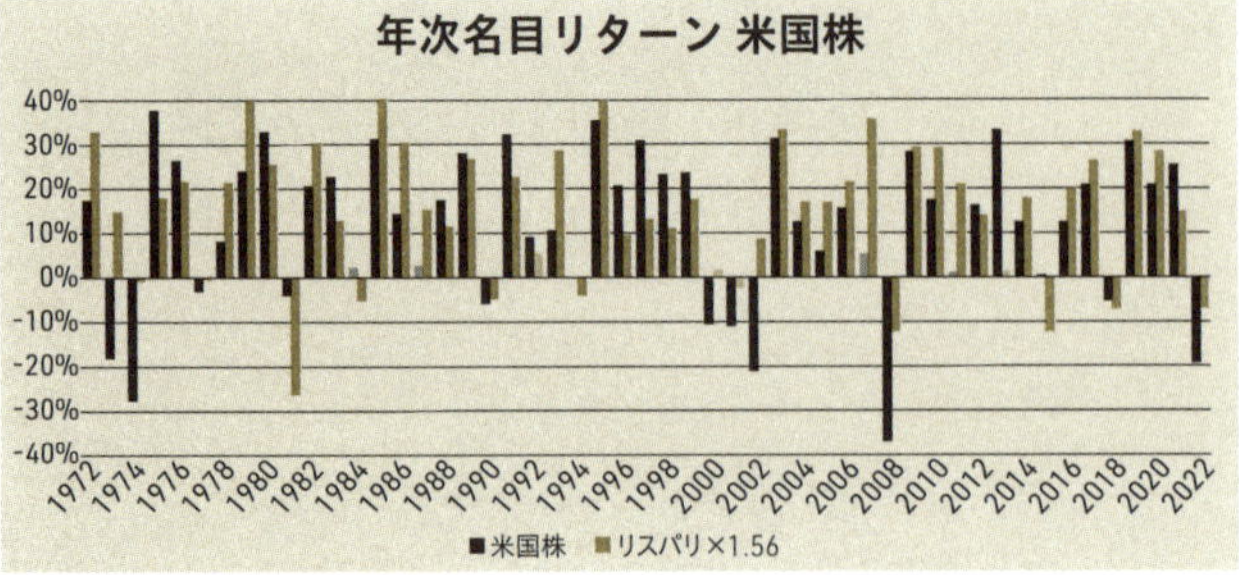

出所：TradingView、Portfolio Visualizer、FRED

▼なぜ個別株で儲けることができないのか？

「仕込むならいま！　次世代10倍株」といった見出しの記事が巷にあふれていますが、煽られてはいけません。そもそも個別株で大きく儲けることは簡単ではありません。これは、競馬で儲けるのが難しいのと似ています（回収率とはまた別の話です）。

競馬や個別株でお金を稼ぐのが難しいのは、多くの情報がすでにオッズや株価に反映されているからです。良い馬や良い会社を見分けること自体は比較的簡単ですが、本当に難しいのは、その情報を使って利益を得ることです。その情報はすでに多くの人が知っているため、優位性はありません。**「誰もが知っているような情報で他人を出し抜くことはできない」ということを理解しておく必要があります**。

そのため、多くのヘッジファンドは、自社の投資手法（アルファを生み出す機密情報）が外部に漏れないよう厳重に管理しています。手法が広まれば、他のすべての人もその情報に基づいて投資できるようになり、優位性はすぐに失われてしまうからです。

図4-7

ブリッジウォーター・マクロ戦略ファンドの年次騰落率
（1996年~2023年（米ドルベース））

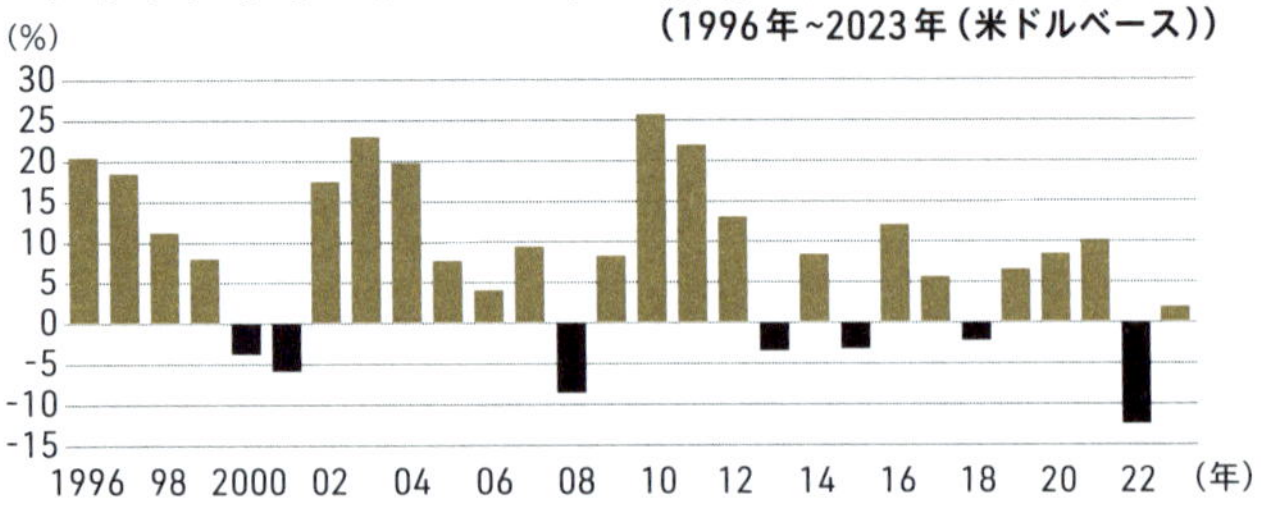

※年次騰落率は同ファンドに係るコスト控除後。同ファンド設定日（2022年3月28日）以前のデータはブリッジウォーターのオールウェザー戦略とピュアアルファ戦略の過去の実績をもとに同ファンドの投資戦略に沿って行ったシミュレーション。2022年4月以降は同ファンドの運用実績。ただし、1996年は6月~12月、2023年は1月~5月のパフォーマンス。

出所：SMBC日興証券

従業員には厳しい守秘義務が課されており、情報が漏れた場合には法的措置を取る企業もあります。例えば、ヘッジファンドのツー・シグマは２０１４年に元従業員を情報窃盗で訴え、悪名高いライカーズ島刑務所に収監させました。収監中には暴行や長期間の監禁が行われたと言われています。成功の方程式を守ることが投資の競争力の源泉であり、それを守るためにあらゆる手段が講じられるのです。

特に知識や経験が不足している投資家は、こうした現実を見落としがちです。「あの天才投資家Ａさんの本で勉強したから、自分も絶対勝てるはず！」と思い込みがちですが、実際にはすでに広く知られた情報に基づいて行動しているにすぎません。**事実、このようなゼロサムゲームに参加することは、損失を生み出す秘訣に他なりません**。

ごく普通の投資家にとって重要なのは、「過信」して不要なリスクを取ることではありません。市場平均を取りこぼさないように、長期的な視点で安定したリターンを追求することが肝要です。

リバランスは年1回の「安く買って、高く売る」チャンス

全ポートフォリオのバックテストの結果を紹介した後、「リバランス」という購入後のメンテナンスについて触れないわけにはいきません。リバランスとは、ポートフォリオの資産配分を定期的に元の状態に戻す調整のことです。

例えば、株価が上がると株の比率が増え、金の価格が下がると金の比率が減り、バランスが崩れてしまいます。崩れたバランスを修正するためには、一定の期間ごとに株を売って、金を買い、元の比率に戻す必要があります。

この際、計算が煩雑に感じられる場合には、ChatGPTなどの生成AIを活用すること

ができます。例えば、**以下のようにプロンプト（ChatGPTへの指示文）を入力するだけで、必要な売買額を簡単に計算できます**。

プロンプト例：

「ポートフォリオの現状は、株式が１２０万円、国債が１００万円、金が90万円、コモディティが70万円です。目標配分は、株式26％、国債34％、金20％、コモディティ20％です。リバランスを行うために、どの資産をどれだけ売買するべきか教えてください。」

もちろん、ChatGPTを使わずに手計算でリバランスを行うことも可能です。最終的にはご自身の判断に基づいて行うべきですが、ChatGPTを利用することで、リバランス計算が格段に楽になります。

▼リバランスで「安く買って、高く売る」を実現

第2章で解説したパラダイムシフトを思い出してください。特定の資産クラスの好成績が将来も続くとは限らず、各年代で「勝ち組」と「負け組」の資産が絶えず入れ替わります。リバランスを実施しないと、ポートフォリオは直近の経済環境で最もリターンを上げている資産クラスに集中した資産構成となり、バランスが悪くなってしまいます。

ただ、**あまり頻繁にリバランスすると取引手数料や税金などのコストがかかるため、年に1回程度で十分でしょう**。また、直感や感情を排除するために、リバランスする日を事前に設定しておくといいでしょう。

リバランスのメリットは、単なるポートフォリオのメンテナンスにとどまりません。実は、リターンを高める強力な手法でもあります。**なぜなら機械的に、高くなった資産を売り、安くなった資産を買うことで、「安く買って、高く売る」という逆張り戦略をベース**

にしているからです。

もっとざっくり言えば、リバランスはアマゾンのブラックフライデーでセール品を買うような行為です。普段は高いけれど、セールで安くなったら買って、価格が高くなったら売る。不要なリスクを取らずに、値下げされたセール対象品を買って、リターンを最大化することができる優れた手法なのです。

もしポートフォリオの一部の資産が暴落したとしても、決してパニックになってはいけません。むしろ、「これは絶好の買い増しのチャンス！　価格が下落するほどお得に買える神イベント」と思って、暴落した資産クラスを買い増してください。

レバレッジを用いて各資産の価格の変動（ボラティリティ）が大きくなっていれば、リバランスの効果はさらに高まります。なぜなら価格が大きく変動しているため、「安く買って、高く売る」チャンスが高まり、リバランスで得られる利益も大きくなるからです。

例えば、価格の変動が大きい資産Aの価格が下落したとすると、リバランスで資産Aを「安く」買い足す好機です。逆に、別の資産Bが急騰していたら、「高い」状態で売却することができます。この過程を繰り返すことで、最終的にはリターンが向上していきます。

図4-8

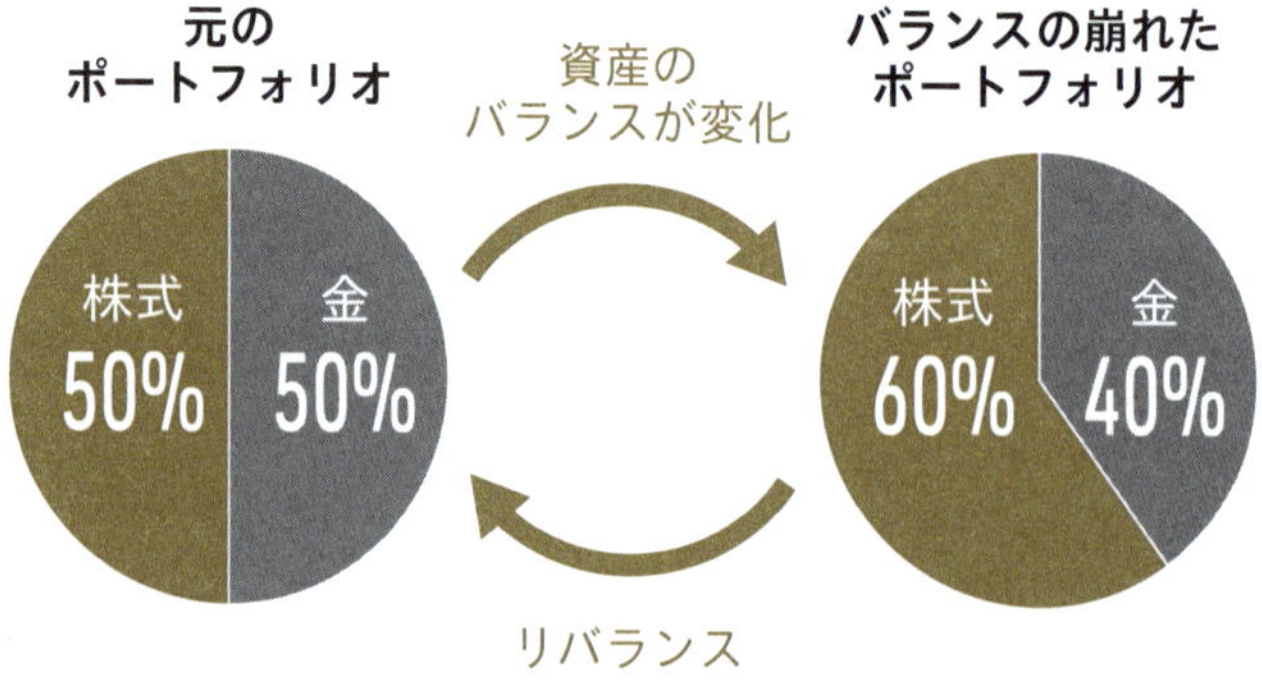

また、リスパリのポートフォリオは、相関が低い資産クラスで構成されているため、資産Aが急落したときに資産Bが急騰する可能性があります。これがリバランスのチャンスを作り出します。

逆に、資産Aと資産Bの相関が高い（わかりやすい例で言えば、コカ・コーラ株とペプシコ株）と、AとBの両方が同時に低くなったり高くなったりするため、安く買って高く売るチャンスはほとんどないでしょう。

このように価格変動が高く、低相関であれば、その利益はリバランスにより増大する可能性があります。直感的に理解しにくいため、過小評価されがちですが、リスパリでリターンを最大化するために不可欠な戦略です。

それでも「もしも」のシナリオを考えるべき理由

先述の通り、高いリターンを追求する人はレバレッジを高くしてリスクを受け入れることでリターンを増やせます。一方、リスクを抑えたい人はレバレッジをかけずに安定したリターンを確保できます。

しかし、いくらリスパリが優れているといっても、より高いリターンはより大きなリスクなしに得られるものではありません。リターンがマイナスになって耐えきれずに売却してしまうと、回復に転じたときには上昇したリターンの恩恵を受けることができません。

▼バックテストの結果は無数の可能性のひとつ

そして、**実際にリターンが大きくマイナスになることも想定しなければいけません。**バックテストの結果は、実際に起こった一連の歴史の出来事を反映しています。しかし、それらは無数の可能性のうちのひとつにすぎません。

例えば、２００８年にリーマン・ショックが発生したとき、ＦＲＢは莫大な資金を投入して救済措置を講じ、金融システムの崩壊を防ぎました。

しかし、もしＦＲＢが対策を講じていなければ、世界経済はさらなる混乱に陥った可能性があります。これは、バブルがはじけて20年以上も苦しんだ日本の不況（失われた20年）が、アメリカだけではなく世界中で起こる可能性があったということです。

バックテストでは、「起こり得たが実際には起こらなかった出来事」については考慮されていません。しかし、起こらなかった可能性もとても重要です。

「コロナが天然痘のように数千年も続いていたら……」
「米ソ冷戦の全面核戦争が起こっていたら……」

その他、可能性を考えたら無限に広がるでしょう。

したがって、**レバレッジの高いポートフォリオに向いているのは、長期的な視野を持ち、一時的な市場の変動に動じないほんの一握りの人だけでしょう。**

今後10年に想定される4つの大きな経済リスク

では、今後起こり得るリスクにはどのようなものがあるのか。私は終末論者ではありませんが、今後10年では次の4つが考えられます。

①巨大債務危機

米国は経済力、軍事力、教育水準、技術革新、天然資源等で強みを持っていますが、深刻な財政問題に直面し、急速に債務を増やしています。先述の通り、中央銀行が通貨を増発して、国債を購入する量が増えれば、ドルの基軸通貨としての地位が危うくなる可能性があります。

また、万が一戦争に向かう動きがあれば、主要国の国債や通貨の価値が下落する可能性があります。戦争中は、同盟国であってもお互いの通貨を受け入れにくくなります。これは、お金のかかる戦争によって国の債務が増え、通貨の価値が下がる恐れがあるためです。

②米国の内部対立

米国内では貧富の格差が拡大し、社会の分断が深まって、ポピュリズムの台頭が進んでいます。内部対立が激化すれば、最悪の場合、内戦に発展する恐れもあります。内戦は国を脆弱にし、敵対する国に付け入る隙を与え、攻撃されるリスクを高めます。

③米中対立

核兵器保有国同士の戦争は起きないと信じたいです。しかし、米中間の覇権争いが激化しています（米中間の対立は、世界の対立構造の一部にすぎないでしょう）。戦争で勝つには、敵国を圧倒する新しい武器を秘密裏に開発し、その威力を示すことが効果的です。

敵が勝てないと悟れば降伏します。

これは、米国が原爆を秘密裏に開発し、戦争を終わらせた例と同じです。現在、ＡＩや量子コンピュータなどの開発競争が進んでおり、これらを手にした国が優位に立つ可能性があります。

④天災

歴史的に干ばつや洪水、パンデミックなどの天災は、戦争よりも多くの人命を奪ってきました。14世紀のペストでは世界人口の約４分の１が死亡し、天然痘では少なくとも３億人が犠牲になりました。気候変動が深刻化するなか、こうした天災は今後さらに頻発すると予測されています。

▼想定外の事態はいつ起きてもおかしくない

４つのリスクが必ずしも現実になるわけではありませんが、可能性がゼロとは言い切れません。投資家としてどんな経済環境でも利益を得るには、こうした巨大なリスクに対して遅れを取る（起きてから驚く）のではなく、先取りする必要があります。

大切なのは、どんな状況になっても対応できるよう、ポートフォリオをしっかり分散して準備しておくことなのです。

COLUMN 株式や国債をグローバルに分散し、特定の国に賭けない

本書ではデータの入手が容易であるため、長期のバックテストに米国株を使用しています。

米国株は今後10年間、最高のリターンとなる可能性もあります。ただ、米国株に限定せず、全世界の株式に置き換えて保有することで、より地理的な分散効果を図ることができます。特定の国に賭けるよりも、世界中の国々に分散するほうが安全です。

世界各国の経済は異なるサイクルで動きます。ある国が好景気のとき、他の国はそれとは逆の経済状況かもしれません。この違いはリスク軽減の機会をもたらします。同じ時期に不況に見舞われないために、世界各国に分散して投資することが重要です。

例えば、1990年代初頭の日本のバブル崩壊の際、日本人投資家の多くが大きな損失を被りました。その原因は、投資先を日本に集中させていたためです。一方、同時期の米国やヨーロッパでは、株価が上昇を続けていました。日本の投資家が米国やヨーロッパに

も投資していれば、損失を減らすことができたかもしれません。

なお、ブリッジウォーターによれば、日本株は分散効果の高い市場のひとつです。日本経済の成長は多様な貿易によって支えられていますが、上場企業の売上の多くは国内であり、英国のようにグローバル企業が多く上場している国と比べ、他国市場との相関が低く、高い分散効果が期待できます。

また、新興国市場への分散は特に重要です。米国が2000年代に危機に直面していたとき、新興国市場は急速に成長していました。米国の株価が急落するなか、新興国市場は力強い経済成長を遂げ、投資家に素晴らしいリターンをもたらしました。近年、新興国のなかには、米中対立から距離を置く国も多く、地理的分散を強くすることができます。

確かに、新興国市場には政治的不安定性や経済の未熟さ、通貨リスク、地政学的リスク、規制など多くのリスクが存在します。しかし、米国株や日本株、他の先進国株式とバランスよく分散すれば、ボラティリティは米国株に近いレベルまで下がります。ボラティリティの低下は直感に反するかもしれませんが、これこそがフリーランチと呼ばれる確実な恩恵のひとつなのです。

図4-9

<購入・換金手数料なし>ニッセイ外国債券インデックスファンド

残存年数別構成比率

短期（3年未満）	29.3%
中期（3年以上7年未満）	34.0%
長期（7年以上10年未満）	13.7%
超長期（10年以上）	23.0%

国・地域別組入比率

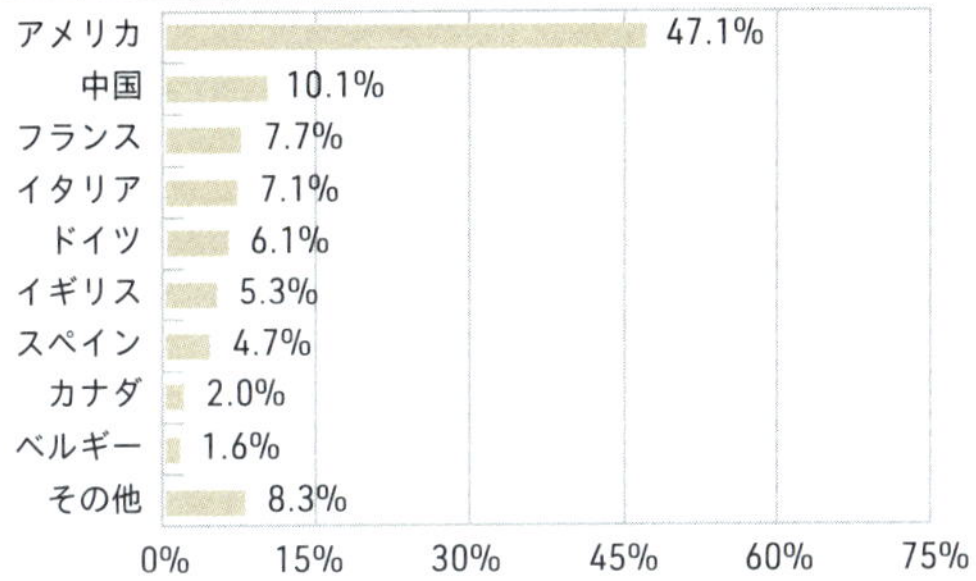

通貨別構成比率

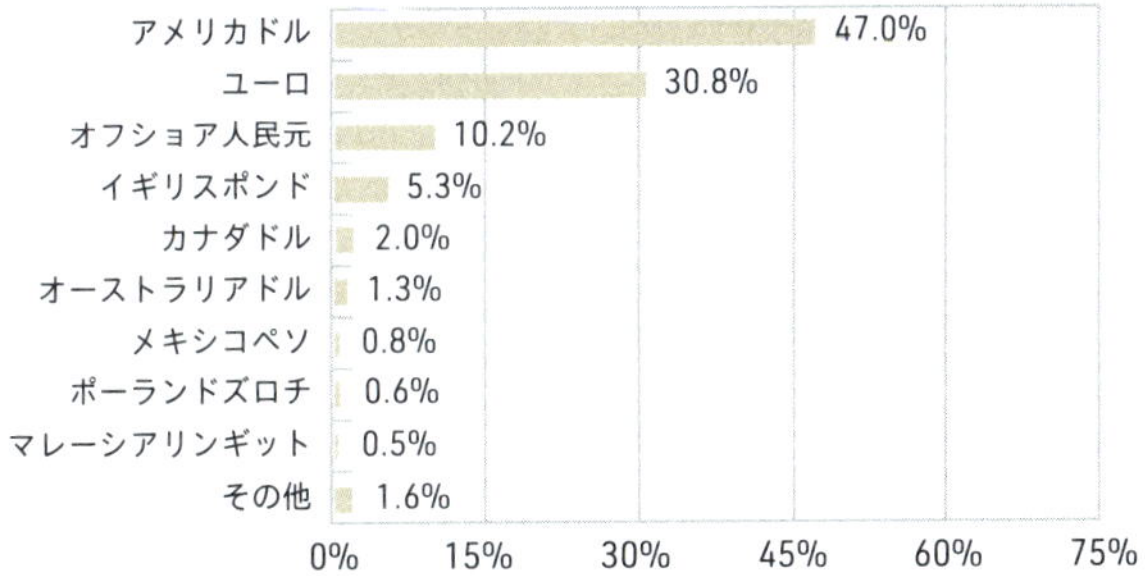

出所：ニッセイアセットマネジメント「ニッセイ外国債券インデックスファンド」マンスリーレポート2024年8月末

ちなみに、株式同様、国債も世界各国に分散することでボラティリティが下がります。新ＮＩＳＡ対象の「〈購入・換金手数料なし〉ニッセイ外国債券インデックスファンド」などを選択するのも一案でしょう。図４－９の通り、同商品は日本を除く主要国の国債に投資しています。

ただ、リスクスコアは2と推定されるものの、同商品の情報が限られており、今後のさらなる研究が必要です。そうした点をご了承いただいたうえでの参考情報とはなりますが、米国債20年超よりもリスクスコアが低いため、もしポートフォリオに組み入れるときには、資産配分の再計算が必要となります。その結果は次の通りです。

・株式22％、グローバル国債44％、金17％、コモディティ17％

ポートフォリオに占める国債の割合が高くなるため、リターン（税引前）は基本ポートフォリオよりも若干低下するでしょうが、より安定した運用を求める人には適していると言えるでしょう。

図4-10（上）

株式

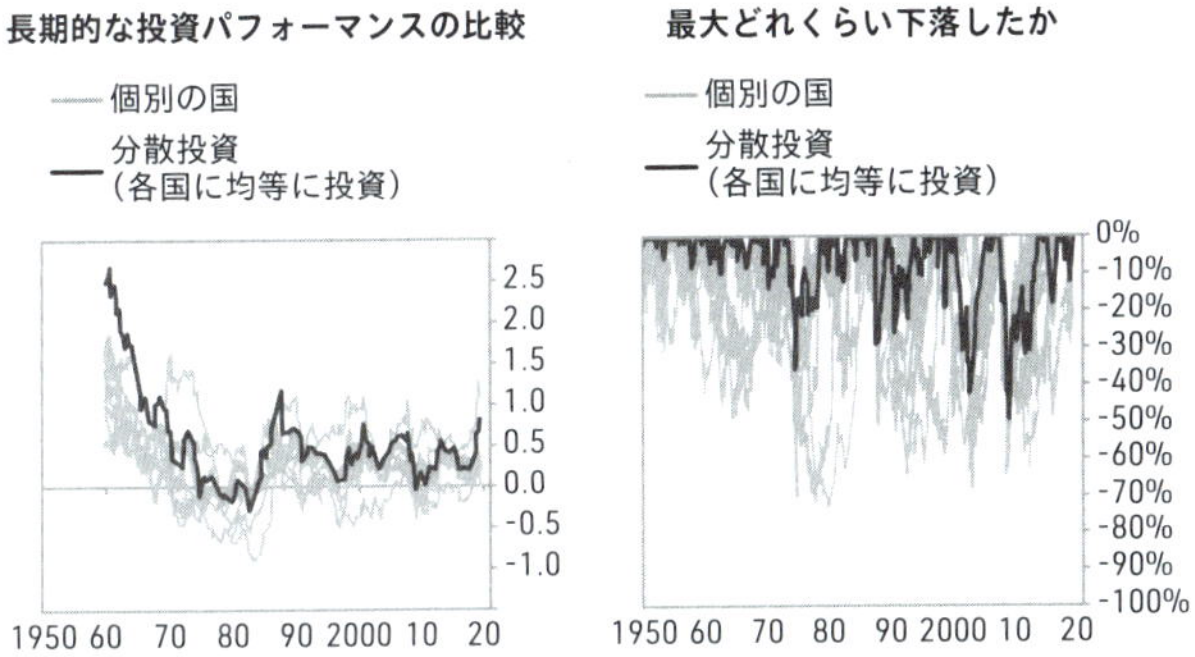

出所：Linkedin「Diversifying Well Is the Most Important Thing You Need to Do in Order to Invest Well」

図4-10（下）

債券

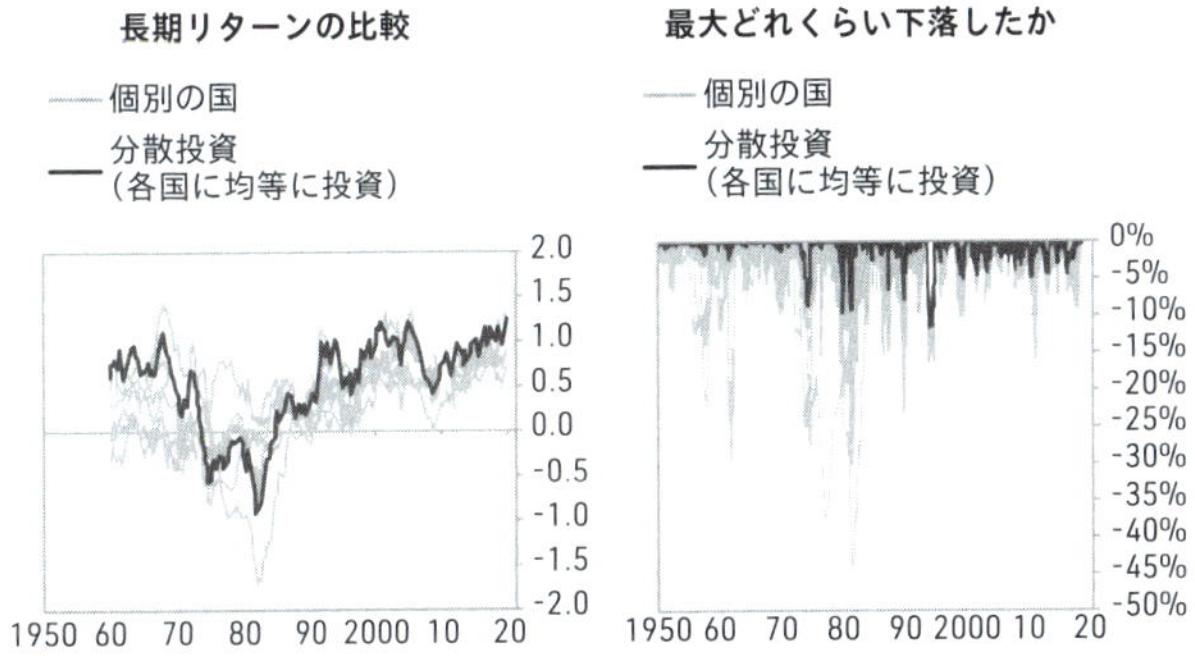

出所：Linkedin「Diversifying Well Is the Most Important Thing You Need to Do in Order to Invest Well」

以上のことをデータで示したのが図4－10です。灰色の線は国別のリターンを示し、黒線はそれらの平均で毎月リバランスされています。黒線は、国別の灰色の線よりも損失期間がはるかに短く、リターンが安定して高くなっています。

第5章

リスパリに
弱点は存在するのか?

完璧な投資方法なんてやっぱりあり得ないの⁉

エミ：「リスパリって、本当に最強の投資戦略ですね！　株式の集中投資よりも、リスパリにレバレッジをかけたほうが低リスクで高リターンになるなんてとても驚きました」

堂瀬：「それは良かった。リスパリの効果をしっかり理解できたんだね。君の成長を実感できて、こちらも嬉しいよ。さて、ここまでリスパリの強みを見てきたけど、実はリスパリにも弱点があるんだ」

エミ：「え!?　あんなに安定してるって言ってたのに……どんな経済環境でも大丈夫だって。……弱点なんて聞いてないです」

堂瀬：「ははは、完璧な投資戦略なんてものはないからね。まぁ確かに、リスパリは多くのシナリオで素晴らしいパフォーマンスを発揮するけど、常に100点を目指すのは、少し野心的で贅沢すぎるかもしれないね。では、どんな弱点だと思う？」

エミ：「う～ん、そうですね……。例えば、有名な会社の社長がSNSで炎上したりすると、その会社の株価が急落しちゃうとか？　最近って特に、若い人たちがSNSの情報をすごく気にするから、投資家も敏感に反応しちゃうんじゃないかと」

堂瀬：「なるほど、確かにSNSの影響力は大きい。たったひとつの投稿が市場に波及することもある。でも、それがリスパリの弱点になるのかな？　じゃあ、もうひとつ質問だ。現金はポートフォリオに何割くらい持っておいた方がいいと思う？」

エミ：「そうですね……。半分くらいは現金で持ってた方が安心なんじゃないですか？　余裕資金で投資した方がいいって、ネット記事で読んだことがある気がします」

堂瀬：「半分か、ちょっと常識的すぎる答えだね。でも、ここまでの内容を理解していれば、どちらの質問も答えはわかるはず。もう少し考えてみよう」

エミ：「……全然わかりません。このままだと心配で、今日は眠れそうにありません。早く答えを教えてください！」

リスパリの弱気相場は現金に負けるとき

残念ながら、リスパリに弱点が全くないわけではありません。

どのような投資戦略でも弱点はあります。

リスパリは低成長期に強いことが魅力のひとつですが、それでも弱気相場から完全に逃れられるわけではないのです。

リスパリは例えるなら、カジノの胴元です。

カジノは統計的に長期的には利益を出すように設計されていますが、たまに大きな勝利を収めるプレイヤーに出くわすことがあります。これは確率論的には避けられない現象です。

リスパリもカジノの胴元のように長期的に有利に運用できる戦略です。投資対象のうちどれが上昇するかわかりませんが、それぞれの値動きが異なるため、最小限のリスクで資産を増やし続けることができます。

しかし、それでも短期的には負けることがあるのです。では、リスパリの弱点は何でしょうか。

▼リスク資産に投資する意味とは？

リスパリの目的は、「無リスクの現金」を手放して、「リスク資産」に「長期」で分散投資し、「現金を上回る」リターンを目指すことでした。

しかし、次のように思われた人もいらっしゃるかもしれません。

「全てのリスク資産が現金に負ける時期があったら、どうなってしまうのだろうか？」

現金より悪い結果になるのだったら、わざわざリスクを取る必要はありません。そのような時期に投資をしていたとしたら、結果として現金を保有していた方が良かったと後悔することになります。

もうおわかりでしょうか。

リスパリの弱点、**つまりリスパリの弱気相場とは、「現金のリターンが全てのリスク資産（リスパリの投資対象）を上回る」時期です**。リスク資産が現金に負けるときがたまに訪れるのです。

これは、カジノでプレイヤーが一時的に勝利するのと同様に、避けられない現象です。しかし、このような短期の逆風はあくまで長期的な資産形成を目指す過程の一部と考えるべきです。事実、先ほどのバックテストでも確認できるように、リスパリの弱気相場は一時的です。通常は長期的な投資戦略に大きな影響を及ぼすことはないのです。

上記のことを理解したうえで、ここからはリスパリの弱気相場の具体的な局面を理解していきましょう。**実際に弱気相場という逆境が訪れたとき、弱気相場に関する知識があれば不必要に狼狽することもなくなるからです**。

意外と知られていませんが、独自の弱気相場は次の2つです。

①パニック相場
②予想外の急速な金利上昇

ひとつずつ順に解説していきましょう。

下落期間は1年未満であることが多い
～リスパリの弱点①パニック相場～

パニック相場では、ほぼ全ての資産クラスが同時に下落します。

2008年のリーマン・ショックや、2020年3月の新型コロナウイルスによる市場の混乱が近年の代表例です。投資家が恐怖に駆られ、資産を現金化しようとしたため、リスク資産が一斉に下落しました。

市場がクラッシュすると、投資家の心理に大きな影響を及ぼします。リスク回避の傾向が強まり、投資家はより安全な現金へと資金を移動。「キャッシュ・イズ・キング」という古い格言に従い、現金が王様となります。その結果、リスク資産は急落します。

▼リスパリの下落期間は株式集中投資よりも短い

このようなパニック相場では、逃げ場はありません。**特定の資産クラスの組み合わせがポートフォリオを保護することはほとんどないのです。**そのため、リスパリのような分散戦略も十分な防御力を発揮できない状況に陥ります。リスクのない現金を保有することによる安心感を求め、どのような価格であってもリスク資産を売却することをいとわなくなるのです。

しかし、こうした期間は通常短期間で終わることが多いです。リスパリの下落期間は株式集中投資よりも短いです。多くの場合は1年未満です。

過度なレバレッジさえかけなければ、下落率も低く、他の投資戦略よりも下落相場に強いと言えます。

～リスパリの弱点②予想外の急速な金利上昇～
一時的な局面で終わる可能性が高い

リスパリの2つ目の弱点は、予想外の急速な金利上昇です。もし金利が急激に上昇すると、現金の金利が高くなります。すると、多くの投資家がリスクのない現金に資金を移す可能性が高くなるでしょう。

極端な仮定ではありますが、現金の利回りが1％から20％に上がった場合を考えてみてください。皆さんが株式を所有していたとしたら、そのまま保有し続けるでしょうか。期待リターンを7％と見積もっていた株式投資家にとっては、無リスクの20％という魅力的な選択肢が出現したことになります。

多くの投資家が、株式を売って、現金にシフトすることを検討するかもしれません。なぜならば、リスクなしで20％のリターンを確定することができるからです。

つまり、**金利が急激に上昇すると、リスク資産に比べて現金の方が魅力的に見えるようになるということです**。これは全ての資産は現金と競争していることの表れでもあります。

投資家がリスク資産から現金に資産を移動させて、リスク資産の価格が急落する状況では、リスパリであっても損失を避けられなくなることがあります。

▼発生しても短期間で終わることが大半

では、予想外の急速な金利上昇にはどのように対処すれば良いのでしょうか。

実は、それほど心配する必要はありません。通常、予想外の急速な金利上昇は、短期間で終わることが多いのです。

理由はシンプルです。**第1章で説明した通り、現金が長期間にわたって他の資産クラスを上回るパフォーマンスを続けることは現実的ではありません**。また、発生頻度もそう多

図5-1

分散できるリスク	分散できないリスク	
経済環境の変化	パニック相場	予想外の 急激な金利上昇

いわけではありません。

過去の事例を見ても、予想外の急速な金利上昇が株式や他のリスク資産に与える影響は一時的なものに留まることが多いです。ボルカー・ショックやパウエル・ショックのほか、1994年にも予想外の利上げが行われたケースはありますが、それでも市場は最終的には安定を取り戻しています。

なぜポートフォリオに現金を含めないのか？

「リスパリのパフォーマンスが現金に劣ることがあるならば、いっそのこと保険として現金を持っていた方が良いのではないか？」

このような疑問が湧いた人もいらっしゃるでしょう。しかし、その疑問に対しては、もう一度リスパリのコンセプトを見直す必要があります。

第1章で説明した通り、リスパリの目標は3大リスクとの闘いを制しながら、現金よりもはるかに優れたリターンを得ることです。投資の世界では「確実」はほとんどありませんが、リスク資産のリターンは長期的に現金を上回ります。

そのため、リスパリでは現金をポートフォリオに含めることによって、パニック相場や予想外の金利上昇に備えることはしません。たいていのファイナンシャル・プランナーは現金を一定割合保有することを推奨していますが、「リスキーな資産を組み合わせることで、逆にリスクを抑えたポートフォリオを構築できる」という視点を見落としています。

現金を保有することは、一時的に安心感をもたらすかもしれませんが、長期的にはリスク資産の利益を逃してしまい、機会損失が発生します。加えて、中央銀行による紙幣の大量発行が行われるたびに、現金の価値が「暴落」していくという、現金の保有リスクも無視できません。

したがって、現金は長期的には最もリスクの高い投資のひとつと言えます。リスクを意識するのは賢明ですが、現金を保有することにもリスクが伴うことを忘れないでください。

▼分散できないリスクの発生を予測することは不可能

再三述べてきましたが、リスパリは次にどの経済環境がやってくるのかを予測する必要がない投資方法です。**経済環境の変化は「分散できるリスク」である一方、パニック相場や予想外の急激な金利上昇は、「分散できないリスク（リスパリの弱気相場）」です。**

現金を保有することは一見、分散できないリスクに対する解決策のように思えるかもしれませんが、分散できないリスクがいつ発生するのか、正確に予想することは不可能です。そのため、**稀にしか発生しない分散できないリスクに備えて現金を持ち続けるのは、合理的な判断とは言えないのです。**

なお、リスパリは雨の日も嵐の日も成功すると言われています。概ね間違いではありませんが、少し誇張されているのではないかと私は考えています。あくまで推測にすぎませんが、レイ・ダリオが考案したオール・ウェザー戦略も、この意味で厳密には「オール・ウェザー」ではないでしょう。

メディアが取り上げるのは株価ばかりで、リスパリのような分散投資が下落しても、報道されることはありません。また、周囲に相談できる仲間も見当たらず、不安になることもあるでしょう。もしリスパリをやめたくなったときには、本章を再度読み返してください。

リスパリの弱気相場や分散できないリスクについて再確認することで、きっとリスパリに対する確信が蘇ってくるはずです。

▼リスパリで一番難しいのは「何もしないこと」

誤解のないように付け加えておきますが、リスパリは常に株式を上回るような完璧な戦略ではありません。確かに、長期で見れば優れたパフォーマンスを発揮しますが、その過程ではパフォーマンスが株に劣後する厳しい時期もあります。一時的に株が上昇しているときには、「一人負け」しているように感じることがあるでしょう。

人間はストーリーテラーであり、物語や直感に引きつけられる生き物です。リスパリのパフォーマンスが冴えないときに、有名なエコノミストやインフルエンサーが魅力的な株価の上昇ストーリーを紡ぎだすと、その言葉に惹かれ、信じたいという気持ちになってしまうこともあるでしょう。

また、リスパリでは全ての資産クラスが常に好調に推移するわけではありません。例えば、1980年代から1990年代にかけて、金は約20年間低調なパフォーマンスでした。耐えきれずに金を売却してしまった投資家は2000年代に良いパフォーマンスを上げられなかったことでしょう。

リスパリは直感との戦いです。余計な先入観や感情を排除して、直感と距離を置く必要があります。その意味では、経験豊富な投資家よりも、本書で投資を初めて勉強する人のほうが余計な先入観がないので有利でしょう。リスパリで一番難しいのは何かというと、実は「何もしないこと」なのです。

投資に詳しい方ほど、リスパリはシンプルすぎて、物足りないと感じるかもしれません。「ほったらかしでそんな簡単にうまくいくわけないだろう」と。しかし、誤解を恐れずに言えば、投資は「意外とその程度のもの」であると私は考えています。

繰り返しお伝えした通り、リスパリの目標は、短期的に市場を上回ることではなく、どのような経済環境でも長期的に安定したリターンを目指すことです。ですから、ポートフォリオを「いじりたくなる衝動」に駆られたときは、この目標を思い出してください。

投資は種をまいて植物を育てるようなものです。成長を確かめるために、毎日掘り返すことはしません。必要な手入れ（リバランス）をしつつ、成長を信じて待つのです。本書でしっかりと勉強し、十分にポートフォリオを分散させたのですから、そのプロセスを信じて時間を味方につけましょう。忍耐力と規律が試されますが、これらの要素が投資で成功するための鍵となるのです。

COLUMN▶▶ リスパリと巨大債務危機

なぜリスパリは、巨大債務危機を短期間で切り抜けることができるのか。それは、『巨大債務危機を理解する』（レイ・ダリオ著）の3つの図に示されています。この図は、過去100年間に発生した21回のデフレ下の巨大債務危機、例えば世界恐慌やリーマン・ショックなどのデータを集計した平均的な状況を示しています（図5－2参照）。

つまり、リスパリのように異なる動きをする相関の低い資産を組み合わせていれば、巨大債務危機が発生しても資産が互いに補完し合い、安定した収益を獲得し続けられるのです。

図5-2

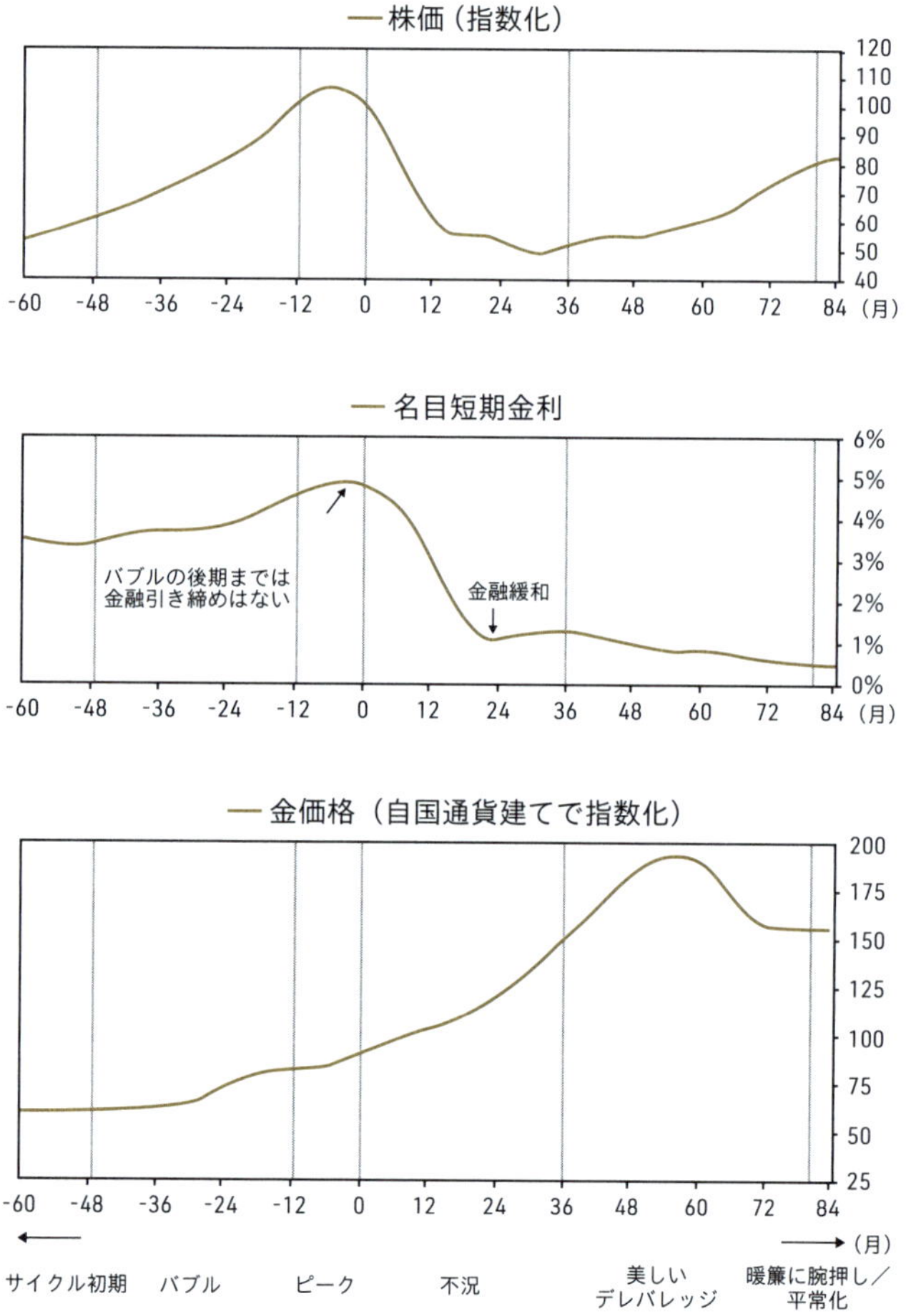

出所：レイ・ダリオ『巨大債務危機を理解する』（日経BP）

おわりに

投資で未来を「正確」かつ「詳細」に予測できた事例は、私の知る限りありませんが、確実に言えることがあります。株式投資のようにただひとつの資産クラスに頼る投資家は、最悪のシナリオに備える準備ができていないということです。

本書で再三述べた通り、投資で重要なのは、不確実な未来にどう対処するかを知ることです。未来に確実なものなどは存在せず、その確率でさえも絶対ではありません。

世界最大のヘッジファンドとして知られるブリッジウォーターでは400人のスタッフが市場の影響を分析していますが、それでも予測の40%は間違っていると言います。そのため、同社のニル・バーディーCEOは、投資家に対して、自身のポジションを過信しないよう警鐘を鳴らしています。

どの投資対象に賭ければ、一番儲かるのか？

残念ながら、本書でその答えをお伝えすることはできません。しかし、相関の低い投資対象をうまく組み合わせることで、リスクは確実に減らせます。これは極めて重要な分散の科学、「ブンサイエンス（ブンサン×サイエンス）」と言えます。

リスパリは、世界のプロ投資家たちが14兆円（※）を動かしている世界水準の資産運用術です。「誰も考えつかないくらい奥が深い」のに、「誰でもマネできるくらいシンプル」。本書の読者は世紀の大発見の目撃者です。

株式は完璧な資産クラスではありませんが、完璧な資産クラスがないならば、うまく分散されたポートフォリオで作ってしまえばいいのです。

２０２４年12月　堂瀬とうしろう

※イーベストメントのデータから作成されたベルスの推計

著者紹介

堂瀬とうしろう（どうせ・とうしろう）

1978年生まれ、億り人・個人投資家。米国カリフォルニア州不動産ブローカー試験合格者。中央大学法学部卒業。日本赤十字社の財務部門で資金運用（債券・現預金など）に従事。不動産投資運用会社で取締役を務める。現在はFIREを達成。どんな投資初心者でも３本のETF（上場投資信託）と５銘柄だけで株式投資に勝てるリスクパリティ戦略を独自に考案する。

「誰《だれ》もが儲《もう》かる、わけがない」をぶち壊《こわ》す

投資革命《とうしかくめい》　〈検印省略〉

2024年 12月 13日 第 1 刷発行

著　者——堂瀬 とうしろう（どうせ・とうしろう）

発行者——田賀井 弘毅

発行所——株式会社あさ出版

〒171-0022 東京都豊島区南池袋 2-9-9 第一池袋ホワイトビル 6F

電　話 03 (3983) 3225（販売）

03 (3983) 3227（編集）

ＦＡＸ 03 (3983) 3226

ＵＲＬ http://www.asa21.com/

E-mail info@asa21.com

印刷・製本　萩原印刷（株）

note http://note.com/asapublishing/

facebook http://www.facebook.com/asapublishing

X http://twitter.com/asapublishing

ISBN978-4-86667-722-4 C2034